中国博士后科学基金第69批面上资助（资助编

听障小学生过程与策略
写作教学模式研究

崔亚冲 / 著

湖南大学出版社

·长沙·

内 容 简 介

写作是听障学生表达自我、与主流社会交流的关键途径。本书作者深入聋校小学语文课堂，充分了解了师生教与学的痛点和难点，通过与美国听障教育专家的深度交流与合作，构建了过程与策略写作教学模式。本书系统研究了听障小学生写作教学，具有理论上的创新性和较强的实践指导性，为特殊学校教师的写作教学及家长辅导提供了切实可行的参考。

图书在版编目（CIP）数据

听障小学生过程与策略写作教学模式研究/崔亚冲著 .—长沙：湖南大学出版社，2022.6

ISBN 978-7-5667-2513-4

Ⅰ . ①听… Ⅱ . ①崔… Ⅲ . ①作文课—教学研究—聋哑学校 Ⅳ . ①G762.2

中国版本图书馆 CIP 数据核字（2022）第 081371 号

听障小学生过程与策略写作教学模式研究
TINGZHANG XIAOXUESHENG GUOCHENG YU CELÜE XIEZUO JIAOXUE MOSHI YANJIU

著　　者：崔亚冲				
责任编辑：邓素平				
印　　装：广东虎彩云印刷有限公司				
开　　本：710 mm×1000 mm　1/16		**印　张**：16	**字　　数**：248 千字	
版　　次：2022 年 6 月第 1 版		**印　次**：2022 年 6 月第 1 次印刷		
书　　号：ISBN 978-7-5667-2513-4				
定　　价：62.00 元				

出 版 人：李文邦
出版发行：湖南大学出版社
社　　址：湖南·长沙·岳麓山　　　　邮　编：410082
电　　话：0731-88822559（营销部），88821343（编辑室），88821006（出版部）
传　　真：0731-88822264（总编室）
网　　址：http://www.hnupress.com
电子邮箱：820178310@qq.com

序 一

  《听障小学生过程与策略写作教学模式研究》一书是崔亚冲在其博士论文的基础上修改完善而成的。如今即将付梓，我感到由衷的高兴。亚冲自2016年起跟随我攻读博士学位，毕业后又到北师大珠海校区做博士后，至今我们相处近6年，回想她研究聋生语言教学的经历，充满了因缘际会。

  2017年9月，我在北师大校园里偶遇了几位用手语交谈的人，其中一位听人老师告诉我他们在国家手语和盲文研究中心参加《国家通用手语词典》编纂研讨会。得知我是研究语言学的，他们热切地和我聊天，告诉我通用手语的研究非常需要语言学专家支持，我深受感染。当天下午我便介绍当时读博士二年级的亚冲去旁听手语研讨会，她在会上认识了多位手语专家，和专家们越交流越兴奋，对手语及听障学生的语言表达产生了浓厚的兴趣。后来我得知国家手语和盲文研究中心是由中国残疾人联合会、教育部和国家语言文字工作委员会共建的，设在北京师范大学教育学部，而那位听人是北京某聋校原校长王晨华老师。

  我建议亚冲先了解一下听障学生的课堂教学情况。经王晨华老师介绍，亚冲很快到北京的一所聋校观课。第一次观课回来，我们一起吃午餐，她特别激动地跟我讲聋校孩子们的情况，她说她内心感受到一种召唤，一定要为这些孩子做些什么。我鼓励她自学手语，深入聋生的课堂，多与一线教师交流，找到教与学的痛点和难点，并基于此尝试做博士论文。此后的三个月她每周到聋校观课三次，回来后就与我分享观课所得，一起看聋生的作文；她的手语进步神速，与聋生交流越来越顺畅。经过一段时间的观察、讨论及文献阅读，我们发现聋生写作的问题最为突出，教师也反映写作最具挑战性，而相关研究基础比较薄弱，于是便确定将聋生的写作教学作为博士论文的研究内容。

2018年春季，她获得了国家公派联合培养的机会，论文开题答辩通过后便前往美国留学。在美国，她认识了田纳西大学聋人教育中心的 Kimberly Wolbers 教授。Wolbers 教授是美国聋生写作研究方面的专家，她和团队成员一起构建了针对美国聋生的策略与互动写作教学（SIWI）模式，在多所聋校持续十余年的教学实验效果很好，受到美国聋教育界专家和聋校教师的一致认可。半年多与 SIWI 项目组一起工作大大开阔了亚冲的学术视野，她决心结合国际上主流的写作教学模式，在 SIWI 的基础上设计一个适合中国聋生的写作教学模式，并开发一系列视觉教学支架供一线教师在课堂上使用。经过反复思考，初步形成了过程与策略写作教学（PASWI）模式，并拟定了回国后的实验教学计划。

2019年春季，亚冲一回到北京便立即到聋校用 PASWI 模式试教写作课，并对住校学生进行单独辅导，以此来完善该模式；同时收集聋生的作文，作为博士论文的研究数据。这样，论文写作进展很顺利。10月，她将博士论文的一个专题拿到"'一带一路'国家语言康复教育高峰论坛暨第三届中国语言康复论坛"上宣读，获得优秀论文三等奖，这让她很受鼓舞。论文答辩时获评优秀博士论文，答辩专家一致高度肯定亚冲基于对聋生特殊需求的关切，借鉴国际前沿理论、方法做中国聋生教育的扎根研究，独创的过程与策略写作教学模式兼具理论意义及应用价值。

2020年春季，亚冲博士到北京师范大学珠海校区语言科学研究中心做博士后，继续从事聋生语言教学的相关研究，在此期间，她多次深入珠海某特殊学校课堂，继续优化 PASWI 模式。

2021年6月，她有幸加入了国家手语和盲文研究中心的工作组，与国内著名手语专家们一起研发国家通用手语等级标准、国家通用手语水平测试大纲以及国家通用手语水平等级测试试题，在顾定倩老师、魏丹老师、郑璇老师等专家的指导下高质量完成了多方面的工作任务，获益良多。同年10月，她还成为北京市西城区教育学院融合教育中心的特聘专家，定期为聋校一线教师做讲座，分享国内外聋生语言教学的研究成果。在与专家和一线教师们的深入交流过程中，她不断地完善博士论文。我鼓励她修改出版，以便与更多的老师、同道交流。

我国有近3000万的听力障碍者，但聋校教师数量却很有限，研究聋教育的学者更少。作为这一领域的青年才俊，亚冲博士无论是做研究还是学术服务，都有很强烈的使命感、有情怀、有韧劲儿。她学术视野开阔，与国内外专家保持着紧密的学术合作。她一有机会就去特校课堂，与师生交流，还建有与特校老师互动的微信群。亚冲博士性格活泼开朗、心地细致柔软，很容易走进孩子们的内心，我相信这是从事特殊教育的宝贵特质。我衷心希望她在这条路上坚持走下去，也特别希望她能有机会与更多的专家、同道互相激励、切磋，共同为我国的特教事业作出贡献。

又到了春天，带着欣赏、期许，为亚冲博士的第一本专著写序。

傅爱兰

2022 年 3 月 30 日

（作者系北京师范大学珠海校区人文和社会科学高等研究院教授）

序　二

今年年初，在北师大英东楼办公室收到崔亚冲博士发来的新作《听障小学生过程与策略写作教学模式研究》，以及她邀我作序的请求。我与崔博士相识于2017年，当时她正在北京某聋校收集研究数据，在听障学生语言教育领域初窥门径，之后我们一直保持密切往来，我先后担任了她博士论文预答辩的评审委员和正式答辩的评审主席，亲眼见证了她的飞速成长。如今，又看到她的第一本学术专著即将出版，我为她感到由衷的高兴。

相比国外，我国的听障教育研究起步较晚，且关注的人不多，从语言学角度入手研究听障教育的则更少。崔博士从本科到博士一直读语言学专业，她将语言学和特殊教育相结合，研究听障学生的语言教学，我觉得很有意义。《听障小学生过程与策略写作教学模式研究》是基于崔亚冲的博士论文修改完善而成的。她长期深入聋校小学语文课堂，充分了解教师和听障学生在教与学上的痛点和难点。她曾赴美深造一年有余，通过与国际同行的深度交流与合作，在借鉴国外听障学生写作教学主流方法的基础上，构建了一套适合中国听障学生的过程与策略写作教学模式。该模式充分发挥了听障学生的视觉优势，包含了一系列课堂教学支架，为聋校一线教师的写作教学以及听障学生家长的课业辅导提供了切实可行的参考。另外，崔博士还将该模式运用于听障学生课堂，通过课堂写作、课后观察、访谈、调查问卷等方式收集了丰富的定量和定性研究数据，开发了听障学生书面语结构分析和内容分析两种工具用于评估聋生的写作表现。长期的课堂教学实验结果显示大多数听障学生经过该模式的训练后，都变得"乐于写""有话写"并"善于写"。

　　书面语是听障学生与主流社会交流的重要渠道之一，过程与策略写作教学模式是对听障学生写作教学的一个很好的尝试。崔博士进入听障教育领域以来，长期紧跟国际研究前沿，同时立足汉语和本土听障学生的特点，短短几年就在该领域取得了可喜的成绩。这本书是她几年心血的结晶，相信会给听障教育研究者带来很多的启发，给聋校一线语文教师的课堂教学提供切实的帮助。也希望更多的人可以通过此书了解听障学生，了解听障教育。

郑　璇

2022 年 3 月 11 日

（作者系北京师范大学教育学部教授）

目　次

第1章 导 论

1.1 我国听障教育概况

与健听学生一样，我国大部分听障儿童会在六七岁开始接受九年义务教育。根据 1995 年颁布的《中华人民共和国教育法》，国家、社会、学校及其他教育机构应当根据残疾人身心特性和需要实施教育，并为其提供帮助和便利。听障儿童从两岁起可以接受康复训练，并且某些地区还为两岁以下的听障儿童提供家庭早期干预计划（Liu & Raver，2011；Yang et al.，2015）。近年来，除公立机构外，还出现了很多私立慈善机构，帮助听障儿童进行早期言语康复治疗。但是这些康复中心提供的训练大多偏重于口语和听觉的康复，手语的学习一般不列入其中，因为他们希望听障儿童可以借助助听设备获得听力补偿，并通过模仿听人①教师的发音学会如何说话。对于那些康复效果较好的听障儿童，父母一般会将其送进普通学校；而大多数听障儿童，尤其是重度听障儿童，由于康复效果不理想，只能选择进入特殊学校接受教育。

我国对于听障学生的教育侧重于听力和口语两个方面（Lytle et al.，2005；Yang et al.，2015），即主要采用"听说法"（aural-oral approach），旨

---

① 听人，又称健听人，指听力正常的人。2021 年世界卫生组织发布了首份《世界听力报告》，将平均听力损失＜20 dB HL 视为听力正常。听人教师指听力正常的教师。

在让听障学生通过残余听力和助听设备学习有声语言，发展听力和口语能力，其最终目的是让听障学生进入普通课堂，实现全纳教育。考虑到听障学生的听力限制，大多数教师会在课堂上使用口语的同时辅以手势汉语①或汉语手指字母②，并且在教学中强调记忆性的练习。在听障课堂上，通常教师是教学的中心，学生的参与度较低，师生互动较少。"听说法"最早由美国罗切斯特的一对传教士夫妇（Charles & Annette Mills）传入中国。1887 年查尔斯（Charles）和安尼特·米尔斯（Annette Mills）在山东省建立了第一所聋人学校（Fischer & Gong，2010）。由于受到 19 世纪 80 年代米兰国际会议中倡导的口语比手语重要言论的影响，这对夫妇在中国的聋人学校中提倡"听说法"（Wang & Andrews，2017），自此这一方法一直在我国的聋人教育领域占据主导地位，直到 2007 年教育部发布了《聋校义务教育课程设置实验方案》，鼓励聋人教育采用灵活多样的教学方法以满足每位听障学生的不同需求，这一状况才得以改变。近年来，在西方聋人教育理念的影响下，手语双语教学、以学生为中心的教学模式在中国的一些听障课堂上逐渐出现（Yang，2008）。另外，历时 6 年的研制，教育部于 2016 年 12 月正式发布了《聋校义务教育课程标准（2016 年版）》。这是我国第一次专门为听障学生制定的一整套系统的学习标准，并根据听障学生的身心特点和学习成长规律，专门研制开发了聋校的"沟通与交往"课程。这些努力都说明了我国在听障教育方面的进步和创新。

1.2　听障小学生概念界定

本书所关注的听障小学生指的是来自听人家庭③，在特殊学校上学的听

---

① 手势汉语又叫文法手语，是听人创造的汉语视觉符号。它以《国家通用手语词典》为词汇来源，遵循现代汉语的语法规律，具有和现代汉语书面语密切相关的特点。手势汉语与现代汉语逐字逐句对应，语序一致，节律趋同，可以说是现代汉语的手语"翻译"，一般在聋人和听人交流时使用。只有长时间在良好的语言环境中受教育的聋人才能很好地掌握手势汉语。

② 汉语手指字母指用指式代表汉语拼音字母，按照《汉语拼音方案》拼成普通话；也可构成手语词或充当手语词的语素，是手语的组成部分。

③ 听人家庭指由听人组成的家庭，使用口语交流。

力缺失或听力不足的小学生。他们大多佩戴助听器或人工耳蜗，能够有限地听到声音，在课堂上需要通过结合听（听老师的声音）、看（看老师的手语）和读（读老师的唇语）三种方式进行学习。在进入学校之前，他们一直处于汉语的语言环境中，进入学校之后才开始学习手语，因此汉语是他们接触的第一种语言。这类学生在语言的使用和学习上是特殊的，但这种现象在听障群体中非常普遍。

首先，在特殊性方面，这类听障小学生从小生活在有声语言的环境中，他们的父母都是听人并且都不会使用手语。他们在进入学校之前，身边很少有能与其进行交流的聋人，绝大部分时间通过助听器或人工耳蜗有限地接收声音，用汉语"口语"① 与身边的听人交流，因此他们在进入学校之前并没有习得中国手语（Chinese Sign Language，以下简称 CSL）②。进入学校之后，通过学习手语课程，以及接触到同样的听障同学，他们逐渐掌握一套自足的手语表达系统。另外，听障小学生进入学校之后不仅要学习汉语，还要学习手语，即双语的学习同时进行；并且在语言使用方面，他们在课堂上同时使用汉语口语、书面语和手语，在与同学交流时使用手语，在与校外的听人（包括父母）交流时使用汉语口语。因此从这个意义上来说，这类听障小学生是处于汉语语境下的双语使用者。

其次，在普遍性方面，玛莎克（Marschark）等（2002）指出全球有90%～95%的听障学生出生于听人家庭。据我们对北京某特殊学校小学一年级、四年级和五年级听障学生的调查，其中 96.9% 的学生来自听人家庭，接

---

① 此处的汉语"口语"与听人所说的汉语口语不同，听障儿童由于听力损失致使其发音不清，并且其汉语口语的表达并不自足，发展还不完善，他们只是通过发声与听人沟通，所以还不能算是真正意义上的口语。

② 此处的中国手语指的是自然手语。自然手语又称为聋人手语，是聋人出于沟通交流的需要，以符合视觉语言规律为原则，通过自然或约定俗成的方式产生的，在聋人之间使用，带有聋人的文化特征。中国手语是中国聋人的母语，是聋人自然习得的第一语言。中国手语的手势及语法顺序遵循视觉事件的时空发展顺序，以视觉观察到的空间事物的先后顺序展开；其词汇和语法具有充分利用空间，形象、精炼的特点。

触的第一种语言为汉语①。

针对这个既特殊又普遍的学生群体的汉语写作教学模式的研究具有必要性和可行性。

首先，从研究的必要性角度来说，主要有以下两个方面。第一，这类学生是特殊学校中占比较大的学生，而汉语的学习又是其他一切学科学习的基础和前提，因此他们的写作能力高低不仅关系到其他学科的学习，也关乎特殊学校整体教学质量的高低。第二，听障学生的汉语教学重点在于写作教学，而这一点也一直是听障学生汉语教学的难点所在。很多特殊学校的教育工作者都反映听障学生在高中毕业时仍不能用书面语流利地表达自己的想法。他们对这一现状常常感到困惑和不解，纷纷反思"针对听障学生的汉语写作教学到底出了什么问题"。这个问题由来已久且至关重要，但却一直没有引起语言研究者足够的关注和重视。

其次，从研究的可行性角度来说，与智障、自闭症、失语症等人群不同，听障学生有能力进行完整的语言表达，并且经过学习可以进行书写。这使得我们有可能搜集到研究需要的书面语材料，并对这些文本进行分析和整理，为之后的研究打好基础。

1.3　听障小学生的写作教学

1.3.1　写作的重要性

写作作为人际交流的重要方式之一，不仅关乎学生在校期间的学习质量，还会对今后的工作和生活产生深远的影响。美国学校与学院写作国家委员会（National Commission on Writing in America's Schools and Colleges，简称NCWASC）早在 2004 年的报告中就提出，写作能力是找工作的敲门砖，也是职场优胜劣汰的重要标准，这一观点充分说明了写作对职业生涯的重要性。

---

① 北京某特殊学校小学一年级、四年级和五年级共有听障学生 32 人，其中 31 人来自听人家庭，1 人来自北京市第二儿童福利院。该福利院老师为听人，有部分同伴为聋人。

该报告是基于对众多企业领导人和商务圆桌会议成员的调查形成的，其中包括来自美国和世界其他知名公司的多名代表。他们普遍认为写作是获得职业机会的一张入场券，而错误百出的简历很可能成为求职的"致命伤"。即使已经进入职场，写作能力依然会在很大程度上影响到之后的职位晋升，因为一半以上的领导会将写作能力作为员工考核的重要内容。另外，随着经济和科技的发展，远程交流成为人际交往的一种重要方式，短信、微信、邮件成为我们生活中不可缺少的一部分，而写作能力会直接影响到远程交流的有效性。因此，在当今的职场和社会中，我们比以往任何时候都更需要成熟的写作技巧和写作能力才会更容易获得成功。

然而，很多雇主都反映他们对应届大学毕业生的写作表现并不满意（Ashbaugh，Johnstone & Warfield，2002）。纵观我国义务教育阶段的课程安排，绝大多数学校都没有开设专门的写作课程，而将写作看作语文课程的一部分，如此一来，写作教学的课时和内容安排都会受到很大的限制。大部分语文教师在有限的写作教学时间里着重向学生强调好词好句的重要性，仅仅将写作看作衡量学生学业水平的一项内容，而非教授学生写作的方法和技巧，将写作看作人际交流的工具。其学生阶段的写作课程可以为今后的写作活动、课程作业或工作中的写作任务培养技能，是在为学生将来承担的写作任务做准备。学生一旦掌握了写作技能，其价值会在后续写作中得以体现（霍纳，2018）。另外，无论是国外的雅思、托福、SAT等入学和语言能力测试，还是中国的高考都将学生的写作能力作为重要的测试内容，因此义务教育阶段写作教学课程的缺失会直接影响学生的升学以及之后的工作和生活。

美国国家写作项目（National Writing Project）（2003）认为学校的写作教学需要历史性的变革，首先便是在各级学校新开或增加现有写作课程的数量（Lieberman & Wood，2003）[①]。然而，对于许多教师来说，这是一个不切实际的要求，因为他们认为增加写作教学比重会减少语文课程中其他方面（尤其是阅读）的教学比重，而这一改变会直接影响到学生的语文成绩，是一

① 详细内容参见网站 https://www.nwp.org/cs/public/print/resource/2432。

种"得不偿失"的做法。然而，提高语文能力并非只有增加课时这一种方法，我们可以提供高效的写作教学方法，使得学生在语文各方面的水平同时提高，如此达到语文内部各能力的共同提升，而非此消彼长。

1.3.2 听障小学生的写作教学

"听障学生可以不说汉语，但是不能不写汉语。"（吴铃，2007）随着科学技术和社会多元化的发展，许多聋人走入主流社会，改变了以往聋人局限于自己圈子内工作和生活的状况。进入主流社会也意味着与听人交流机会增多，而写作作为聋人与听人沟通的主要方式之一，其能力高低影响了聋人生活的方方面面。面对这一现实需求，很多聋校将写作教学作为语文教学的重中之重。教育部制定的《聋校义务教育语文课程标准（2016 年版）》提出写作能力是听障学生语文素养的综合体现，并将写作教学分为三个学段，最终目的是培养听障学生的写作兴趣，让其懂得写作是为了自我表达和与人交流。

汉语书面语是听障小学生进入学校之后开始学习的一种语言表达形式，一般用于课堂，也是课后作业和考核内容中很重要的一部分，是听障小学生汉语水平最直接的反映。由于听障小学生大多发音不太清晰，只通过汉语"口语"无法达到与听人无障碍沟通的地步，需要借助书面语才可以做到与社会顺畅交流，因此可以说汉语书面语是听障小学生与社会沟通的最重要的语言工具，是汉语学习的重点内容，也是汉语教学的重中之重。然而，现今对听障小学生的写作教学普遍存在两个误区：一是很多聋校教师不注重写作教学，他们错误地认为写作能力是口语和阅读能力发展的副产品，只要学生的口语和阅读能力得到了提高，写作能力也会相应地得到发展；二是很多教师认为听障小学生写作表现较差的主要原因在于他们对汉语语法和词汇知识掌握不足，只要学会了汉语的语法和词汇知识，就能写出好的作文。因此他们将教学的重点放在词汇和语法的讲解和演练上。另外，针对听障小学生特殊需求的写作教学研究和培训较少，聋校教师由于缺少这些信息，很难设计出适合听障小学生的教学方法，在课堂上除了使用手语进行辅助教学之外，其写作教学方法与普通学校大致无异。这些都阻碍了听障小学生写作能力的发

展，致使他们在高中毕业时的写作能力仅相当于健听小学生三四年级的水平
（Marschark et al.，2002）。

1.4　研究目标和创新之处

1.4.1　研究目标

本书旨在构建听障小学生的写作教学模式，并对该模式的有效性进行检验，以观察其是否能有效提高听障小学生的汉语写作能力。

本书涉及的写作体裁包括记叙文、说明文、议论文三种类型。记叙文是小学生最早学习也是写作初级阶段最常用的一种体裁。在记叙文中，作者试图将自己在生活中的经历告诉读者，通过细节描写、情感表达以及对事件或行为的反思达到引起读者共鸣的效果。在生活中记叙文是较为常见的一种写作体裁，通常用于社交平台，如博客、微博、微信朋友圈等，还会出现在采访以及回忆录里。说明文考察的是学生的解释能力，解释的目的是扩充读者对某事（某物）的知识储备，或是帮助读者理解某一话题。这种体裁常见于电子邮件、申请书、说明书中。议论文的写作目的是通过论说改变读者的观点，或影响读者的行为，需要学生具备批判性思维、富有逻辑的语言以及对自己和他人观点的思考。不同的学生通常对同一命题持有不同的观点，学生需要通过书写议论文劝说与自己持不同看法的人赞同自己的观点。说明文和议论文在小学高年级以及日后的工作和社会交往中使用频率较高，学校一般在高级写作阶段才会要求学生书写这两种体裁的作文。

参考沃伯斯（Wolbers，2007）对美国听障学生书面语的分析框架，本书关注的写作能力分为三个层面。第一层面是结构层面，或者称为微观层面写作能力（lower-level writing skills）。在这个层面，我们关注听障小学生的作文在句子数量、词语数量、完整句比例、非句比例、词语有效使用率（word efficiency ratio of level 1，level 2 and level 3，简称 WER 1、WER 2、WER 3）七个方面的表现。第二层面是内容层面，或者称为宏观层面写作能

力（higher-level writing skills），我们关注的是题目的使用、话题的引入、话题的展开、话题的结尾、文章的连贯五个方面。第三层面是写作感知层面，我们关注的是听障小学生对写作知识的掌握、对写作的难度感知和写作动机三个方面。

通过对比听障小学生实验前和实验后的写作文本，分别分析本书的教学模式对听障小学生记叙文、说明文和议论文的影响。

研究问题为：本书构建的过程与策略写作教学（procedural and strategic writing instruction，PASWI）模式是否对不同语言水平的听障小学生的记叙文、说明文、议论文均能产生较为显著的积极影响？

这个大研究问题可分解为三个小研究问题：

（1）不同语言水平的听障小学生经过过程与策略写作教学模式干预后，在记叙文、说明文、议论文结构层面的写作能力是否都有显著提升？

（2）不同语言水平的听障小学生经过过程与策略写作教学模式干预后，在记叙文、说明文、议论文内容层面的写作能力是否都有显著提升？

（3）不同语言水平的听障小学生经过过程与策略写作教学模式干预后，在写作感知层面是否有变化？

本书首先构建了针对听障小学生的过程与策略写作教学模式，之后对该模式的有效性进行检验。我们采用了前后测的教学实验，收集听障小学生实验前和实验后的写作文本，并对文本进行定量和定性分析。因此本书在实验研究部分采用的是定量和定性相结合的研究方法。

在进行定量分析时，作者首先和另一位分析员各自独立使用汉语结构分析工具和汉语内容分析工具对听障小学生实验前和实验后的记叙文、说明文、议论文进行结构和内容层面的分析，将分析结果录入 Excel 后，使用 SPSS

24.0 对两位分析员的结果进行相关（corelation）分析，结果在 0.7—1[①]，表明二者具有较高的内在一致性，分析结果可用。之后将作者的分析结果放入 SPSS 24.0 中对实验前和实验后的数据进行配对样本 t 检验。

在定性分析方面，将调查问卷（见附录一）、访谈和观察作为收集数据的主要方法。调查问卷分别在教学实验前和教学实验后发放和回收，以观察实验前后听障小学生的变化；访谈贯穿于整个实验阶段，但本书采用的大部分访谈数据都来自实验中期和后期；观察与访谈的情况类似，也是贯穿于整个教学实验，包括课上观察和课下观察。收集到数据之后，我们对问卷的结果进行描述性统计，对访谈和观察的数据进行整理和分析，并运用主题提炼法，得出定性分析的结果。

1.4.2 创新之处

本书首次在国内系统提出了针对听障小学生的写作教学模式，也是国内首个针对听障小学生写作教学的实证研究。本书在以下几个方面有所创新。

文献的历史回顾：本书采用知识图谱可视化分析软件 CiteSpace 对已有相关文献进行了统计分析，从文献的年代、国家、类别分布，以及关键词共现图谱，分析了国际听障学生写作研究的现状、重点、热点和发展趋势，为之后的研究奠定了基础，指明了方向。

教学对策的提出：本书作者深入聋校小学语文课堂，充分了解了教师和听障学生教与学的痛点和难点，通过与美国听障教育专家的深度交流与合作，在充分考虑听障学生认知特点和汉语特点的基础上，以写作认知过程和认知策略理论为指导，借鉴国外听障学生写作教学主流模式，构建了过程与策略写作教学模式。该模式充分发挥了听障学生的视觉优势，将写作过程分为三

---

① 由于本书分析的书面语皆来自听障小学生，经常会出现语法上合法，但放在具体语境中却模棱两可的情况，例如根据语境应该表达的内容是"今天我们去春游了"，但是大部分听障小学生都会写成"今天我们去春游"，这类问题不胜枚举，因此在分析时很难确定这是一个完整句还是瑕疵句。此外，对作文中语言表达问题的分析本身就是离不开语境的，会带有一定程度的主观性，因此我们在做相关分析时，考虑到分析的主观性以及操作上的便易性，将相关系数设定为 0.7—1。

个阶段、六个环节：写作前的构思和组织、写作中的起草和转换、写作后的修改和定稿。这既是听障小学生的写作过程，也是教师的教学过程。同时通过设计真实写作情境和写作任务，提高学生的写作兴趣和写作质量，帮助听障小学生走出"不想写""无话写"和"不会写"的困境（崔亚冲和傅爱兰，2019）。

实验对象的选取：我们所关注的听障小学生都是生活在汉语语境下的特殊学校的听障学生，将那些不是在听人环境中长大的学生排除在外。这一操作方法使得本研究中可能会出现的变量变得可控，能够最大限度地控制干扰因素，保证数据分析的合理性和准确性。

数据收集的特点：长时间、多角度、多类型。本书在数据收集方面采取对一个班级里的 13 位听障小学生进行持续性观察的方法，通过课上讲授、课下辅导、课间娱乐等多种方式收集学生在实验前、实验中以及实验后的数据，所收数据包括学生的记叙文、说明文、议论文三种体裁的作文，可以全面反映听障小学生最真实、自然的汉语写作能力。

分析数据的方法：本书在怀特（White，1997，2007）英语书面语结构分析（structural analysis of written language）的基础上设计了适合中国听障小学生的汉语书面语结构分析工具，在 2017 年美国全国教育进展评估（national assessment of educational progress，NAEP）的基础上设计了汉语书面语内容分析工具。结构分析工具包含了句子和词语两个层面的多项分析内容，书中详细说明了每种类型句子的判定标准、词语划分的方法、有效词语和无效词语的标注方式，以及汉语书面语结构分析工具的使用步骤，方便一线教师学习和使用。内容分析工具包括题目的使用、话题的引入、话题的展开、话题的结尾以及文章的连贯五个方面的内容，并且为每个方面设定了评分标准，使写作能力变得可视，最大限度地减少了研究者主观臆测的可能，可以清楚、客观地展示不同学生在不同方面的写作能力，以及书面语中存在的问题。

第2章　听障学生写作问题及教学现状

开展听障小学生写作教学模式研究，首先需要了解该领域研究的现状如何，研究的热点问题和核心议题有哪些，呈现了何种发展新趋势与新动态。对这些问题的分析和探讨有助于准确把握国际研究前沿，为本研究的创新发展提供新视野。然而，已有文献中专门针对听障小学生写作教学模式的研究少之又少，如果仅仅通过分析这些数量有限的文献，我们很难对听障小学生的写作情况有宏观的把握，同时也会对写作教学模式的研究产生一些限制。因此我们将文献研究的范围扩展为听障学生写作研究，包含了听障学生的写作障碍、问题以及课堂教学方法三个方面。全面了解国际上听障学生写作研究的现状、热点与未来的发展趋势对于分享研究成果、避免重复研究、明确研究主题，进而促进国内听障学生的写作教学模式研究具有积极意义。

2.1　听障学生写作研究现状

本节以 Web of Science（WOS）核心合集为信息源，检索时间为 1919 年 1 月 1 日至 2018 年 12 月 31 日，以"deaf（聋）""hearing-impaired（听障）"分别与"student/s（学生）"和"writing（写作）"或"written（书面语）"并含为主题词检索，将语种和文献类型分别限定为"English（英语）"和"Article（文章）"，共检索出非重复文献 562 篇。但 1919—1998年 80 年间的文献数量仅为 137 篇，1999—2018 年 20 年间的文献数量为 425篇。由于 100 年的年代跨度较大，其信息无法在一张表格中完整显示，本节我们只对 1999—2018 年 20 年间的文献做具体的分析，对中文文献，以及中外相关研究著作的分析将在 2.2 和 2.3 两个章节展示。本节的统计分析主要采用了知识图谱可视化分析软件 CiteSpace。

2.1.1 年代分布

图 2.1 和图 2.2 对 1999—2018 年听障学生写作研究的年度文献数量和引文数量进行了统计分析。从中可以发现，从文献及引文的总体数量和增长态势来看，国际上有关听障学生的写作研究呈现两种趋势。

第一，2003 年之前本领域的平均年研究文献数量较少，基本都在 10 篇以下，这说明国际上有关听障学生的写作研究在当时处于"低迷"阶段。2004—2013 年，有关听障学生写作研究的整体文献数量有所增加，但年发文量一直未突破 30 篇，基本处于平稳状态。自 2015 年始，听障学生写作研究进入另一个上升阶段，年发文量都在 30 篇以上，尤其在 2017 年，发文量接近 60 篇，这说明该领域的研究进入了活跃期，整体呈现出蓬勃发展的趋势，彰显了国际上有关听障学生写作研究的新活力。

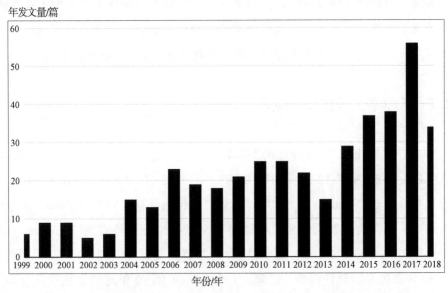

图 2.1 1999—2018 年听障学生写作研究文献数量分布

第二，在文献的被引频次上，从 1999—2018 年，总体呈平稳上升趋势。与文献数量一样，文献的被引频次也在 2017 年达到顶峰（460 次）。说明有关听障学生写作研究的文献信息含量及其影响力正在不断扩大。

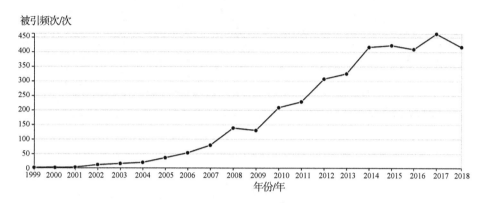

图 2.2　1999—2018 年听障学生写作研究文献被引频次分布

2.1.2　国家分布

图 2.3 和表 2.1 显示了文献的国家分布情况。图 2.3 中字号越大，说明文献数量越多。图中只显示了文献数量较多的一些国家名称，还有很多国家由于只出现了一两篇文献，导致国家名称的字体太小，无法在该图中显示。从图中可以看出，美国在听障学生写作研究中处于遥遥领先的地位，英国、加拿大、中国、荷兰、以色列、澳大利亚等国家虽依次排在第 2 到第 6 的位置，但在文献数量上远远低于美国。从表 2.1 可以看出，在 425 篇文献中，来自美国的文章有 168 篇，占总数的 39.50％。英国、加拿大、中国、荷兰以及以色列的文献数量分别占总数的 7.76％、4.47％、4.47％、4.00％和 3.50％。

表 2.1　听障学生写作研究高频国家及中心性分析（部分）

文献数量（篇）	中心性	研究起始时间（年）	国家
168	0.60	1999	美国
33	0.28	2001	英国
19	0.00	2007	加拿大

续表

文献数量（篇）	中心性	研究起始时间（年）	国家
19	0.14	2011	中国
17	0.00	2005	荷兰
15	0.00	2001	以色列
14	0.00	2006	澳大利亚
13	0.14	2012	意大利
……	……	……	……

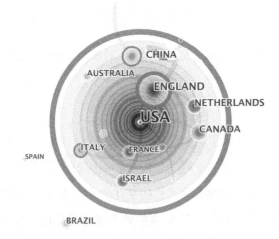

图 2.3　听障学生写作研究文献的国家分布

　　表 2.1 中的中心性指的是节点在网络中的重要性，数值越大，在网络中越重要。CiteSpace 在相应的知识图谱中会用紫色的圆圈对重要节点进行标注。图 2.3 中由紫色圆圈标注的国家有美国、英国、中国和意大利，这些国家在表 2.1 中中心性的数值也较大，说明这些国家在听障学生写作研究中处于相对重要的位置，尤其是美国，其中心性为 0.60。

另外，在研究起始时间上，美国最早①，而中国有关听障学生写作研究的第一篇核心外文文献在 2011 年才出现，相对较晚。

2.1.3　研究类别分布

1999—2018 年有关听障学生写作研究的 425 篇文章在 WOS 中共涉及 39 个类别。根据图 2.4，教育研究、康复研究、特殊教育以及语言学类别为 4 个大的中心，表 2.2 显示其文献数量分别为 177 篇、147 篇、129 篇和 58 篇。另外在中心性上，教育研究的数量虽多，但中心性并不高。康复研究类别的中心性最高，为 0.45，这说明对听障学生语言康复的研究仍为学界的研究重点。语言学、心理学和计算机科学三类虽文献数量不多，但中心性相对较高。值得注意的是，听障学生的写作研究本身属于特殊教育领域，但在我们的文献分析中发现，其文献数量虽多，但中心性只有 0.06，表明这个类别的研究文献在整体网络中的重要性方面处于较低的位置。

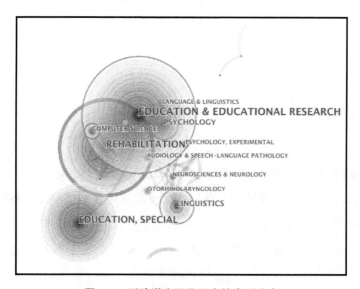

图 2.4　听障学生写作研究的类别分布

---

①　表 2.1 显示美国相关研究起始时间为 1999 年，这是由于我们将统计的文献限制在 1999—2018 年，而实际上美国相关研究的起始时间为 1919 年。

表 2.2　听障学生写作研究高频类别及中心性分析（部分）

文献数量（篇）	中心性	研究起始时间（年）	类别
177	0.12	1999	教育研究
147	0.45	1999	康复研究
129	0.06	1999	特殊教育
58	0.16	2001	语言学
52	0.19	2001	心理学
27	0.17	2004	计算机科学
21	0.00	2001	实验心理学
21	0.00	2007	语言和语言学
20	0.09	2003	听力学与 言语语言病理学

2.1.4　研究热点分布

我们利用知识图谱可视化分析软件 CiteSpace，对 425 篇文献进行了关键词共现词频分析，得到了有关听障学生写作研究领域的研究热点和趋势。

图 2.5 和表 2.3 的关键词共现和频次分析结果显示该领域的高频关键词主要集中于聋（deaf）、儿童（children）、语言（language）和手语（sign language）的研究。真正集中于写作（writing）或教学方法（instruction/ strategy）的研究并不丰富，并且出现时间较晚（2011 年之后），其中心性也不高。

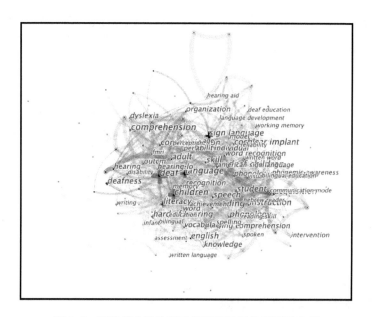

图 2.5　听障学生写作研究领域关键词共现图谱分析

表 2.3　听障学生写作研究高频关键词频次及中心性分析（部分）

出现频次（次）	中心性	首次出现年份（年）	关键词
85	0.11	2000	deaf（聋）
78	0.15	2001	children（儿童）
76	0.09	2000	language（语言）
50	0.10	2005	sign language（手语）
33	0.17	2004	deaf children（聋童）
……			
14	0.01	2012	writing（写作）
……			
11	0.06	2011	instruction（教学）
……			
4	0.01	2017	strategy（策略）

图 2.6 反映了研究热点的历时发展，2015 年至今研究热点或研究的趋势

为听障学生的读写（literacy）研究，这说明听障学生的写作研究已得到了学界的关注，并很有可能成为今后研究的一个重点。

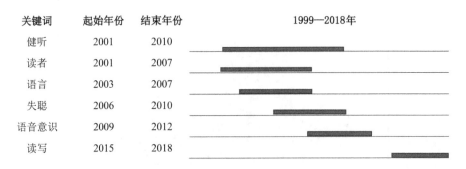

关键词	起始年份	结束年份	1999—2018年
健听	2001	2010	
读者	2001	2007	
语言	2003	2007	
失聪	2006	2010	
语音意识	2009	2012	
读写	2015	2018	

图 2.6　听障学生写作研究热点的历时演变

2.2　听障学生写作障碍成因

听障学生作为一个特殊的学生群体，在写作方面面临着巨大的挑战，而语言和文化障碍是造成他们写作困难的重要原因。

首先，全球有接近 90％的听障学生出生于听人家庭（Marschark et al.，2002），由于听力受损，这些学生无法在早期自然习得有声语言，如果其听人父母没有及早找到一种可以相互理解的家庭交流方式，那么这些听障儿童将会面临语言发展迟缓的巨大风险。西格尔（Siegel，2000）认为目前学前阶段家庭中的交流问题长期得不到解决，同时针对听障学生的教育体系所提供的学习环境也存在沟通不良的问题。沟通能力欠缺意味着识字能力较差，导致语言表达能力和接受能力不足，进而造成了阅读和写作的困难（Schirmer，1994；Hartman，1996；McAnally et al.，2007）。

其次，手语和有声语言的不对应也对听障学生的写作造成了阻碍（Wolbers et al.，2013）。有关口语和书面语关系的研究很多，例如 20 世纪 70 年代中期罗班（Loban）提出口语和书面语是平行发展的观点。他认为一旦口语发生变化，这些变化会在一年内体现在书面语中（Applebee，2000）。梅尔和威尔斯（Mayer ＆ Wells，1996）基于维果茨基理论的研究表明口语是个体内在语言（inner speech）和书面语之间的桥梁。麦纳利（McAnally）等（2007）也阐述了类似观点，他们认为儿童运用英语的语法规则，以符号的形式表达内在想法的能力决定了其书面语的表达能力。由此我们可以推断，如果学生所使用的表达语言不同于标准的英语或汉语，那么这种"不标准"也会体现在学生的书面语中。Wolbers 等（2013）分析了听障学生英语写作中常出现的六种手语表达，分别为对手势的直接翻译、名词重叠表数量多、中心语在修饰语之前、宾语提前、不使用连词、解释性复句中插入疑问词，并且认为这些表达是影响听障学生写作能力的一个重要因素。他们还指出当听障学生能够意识到手语和英语是两种不同的语言，有各自的词汇和语法系统，并能有意识地使用不同的表达方式产出相应语言时，听障学生的写作能力将会大大提高。

不了解手语的人可能认为手语就是用手势表达汉语，是汉语的视觉化形式，然而手语是一种独立的自然语言，有自己的"语音"、词汇和语法系统。作为一种视觉语言，与有声语言相比，手语有其特殊性。首先，手语是在空间中完成的，使用者需要具备空间图解能力才能有效理解手语内容。其次，手语没有书面语和"口语"之分，它的所有表达都是即时的。再次，手语除手部动作外，还会经常使用面部表情、头部动作、身体倾斜等非手控特征来表达意义（Pinker，2003）。最后，手语作为聋人的语言，背后隐藏着以视觉为主要特征的聋人文化，使用者只有了解了语言背后的社会文化才能达到顺畅交流的目的（崔亚冲等，2021）。

吴铃（2005）认为，听障学生所使用手语中的词汇能与汉语词汇一一对应的，仅占所有手语词汇的 50%，另有 50% 的手势所表现的内容无法在汉语书面语中找到相应的词语。例如手语中的很多手势通常需要表情、身体等其他部位的配合才能表达出一个完整的意思，而这种全方位配合的手势所表达的内容在汉语中需要用一句或几句话才能完成。例如"山上有一群猴子"，在手语的上下文出现"山"和"猴子"之后，一只手手腕弯曲形成"山"，另一只手四指（表示很多的猴子）弯曲点在手腕最高处，就能表示汉语中一句话的内容。这些手势是手语中最富表现力和最生动的部分，有人将其称为"哑巴语"①，因为它无法与汉语中的特定词语对应，这也是很多听障学生在写作时最容易出现问题的地方。

汉语和手语除了词汇无法一一对应外，语法形式也相差较大。每种语言都有自身的特点，也一定存在其他语言没有的表达方式，这也是汉语和手语无法一一对应的一个主要原因。例如，描述自己最近乘坐的一个航班情况，汉语使用者可能会说"从北京到上海的飞机颠簸得很厉害"；而手语可能表达为北京（用手指向身体的左侧）—上海（用手指向身体的右侧）—飞（一手模仿飞机的形状从身体的左侧开始向右上方移动，越过头部，指向身体的右侧）—飞机颠簸（表示飞机的手剧烈晃动）。手语中表示程度的"很/非常"属于非手控特征，会伴随着"飞机颠簸"的手势表现在面部表情上。从上面的例子中，我们可以初步感受到虽然手语和汉语表达了相同的概念，但是语法结构却完全不同。因此对于听障学生来说，他们通常用手语表达内在想法，但是在写作时却需要使用标准的汉语，由于口语表达受限，使其内在想法与书面语之间缺少了联结的桥梁，从而造成了写作上的困难。

再比如汉语中的一些固定结构（构式、成语、谚语等），如果语言使用者没有掌握这些固定结构，在写作时就会出现问题。听障学生若对由介词"在"和方位词"上/下/里/外"构成的介词短语不熟悉，将导致在名词和介词的使用上出现问题。汉语的"在＋名词短语＋上/下/里/外"结构经常用来表达空间位置和地点，可以看作一个固定结构，其内部成分不能随意删略，也不能任意改变。因此如果不了解汉语的这种固定表达，即使听障学生对空间的感知力很强，也会影响其写作能力（崔亚冲，2018）。

再次，学校教育与个人所属群体之间的联系缺失也是听障学生写作的障碍之一（Padden & Ramsey，1993）。例如，针对听障学生的学校教育无法将聋人文化融入其中，从而导致了两种话语体系的完全分离（Evans，1998）。话语体系与文化、信仰、价值观念及社会身份等紧密地交织在一起，是话语

① 吴铃（2005）将这些手势称为聋式词语。

使用者与世界沟通的工具，它为个体塑造特定的社会角色提供了行动和交谈的说明（Gee，2007）。话语体系可以说是个人生命的一部分，自然不能与个体的教育相分离。因此，针对听障学生的写作教学应该重视并尊重学生带到课堂上的属于其自身的语言和文化，教学模式也应建立在学生已有话语体系的基础之上。德尔皮特（Delpit，1988）指出如果我们希望学生学会标准的英语，那么我们就应该允许他们分享自己的语言，通过对比两种语言的相同点和不同点，建立各自的元语言知识。当一个课堂以开放的姿态欢迎不同的语言进入，而不再排斥或回避时，学生就会建立起语言自尊，并且乐于主动参与到课堂中来（Wolbers，2007）。

除以上三个主要障碍外，还有一些学者从其他角度分析了影响听障学生写作的因素。

Marschark（1994）对比了听障学生和健听学生在书面语和口语中对语篇规则（discourse rules）的使用情况。实验结果表明听障学生对语篇规则的使用与健听生表现出相同的趋势。例如在对研究者给出的命题进行写作时，他们都会按照"目标-行动-结果"这个程式来进行；但是听障学生在语法和词汇上的表现要落后于同龄的健听学生。因此作者认为听障学生在语言产出时会有意识地利用语篇规则。然而由于他们对语法和词汇的掌握不足导致其在使用语篇规则时受到一些限制，给读者造成一种听障学生不会使用语篇规则的错觉。Marschark 等（2002）认为写作任务的真实性会在很大程度上影响听障学生的写作水平，通过对两种写作话题的分析，作者发现，当写作任务具备真实的写作目的和预期读者时，听障学生写出来的作文要比不具备这些因素的任务好很多。

还有一些学者从其他角度解释听障学生书面语中出现问题的原因，例如威尔伯（Wilbur，2000）认为听障学生写作中的词语缺失以及其他错误似乎与其话语取向（discourse orientation）有关。很多听障学生并没有将书面语看作是有声语言的一种交流方式，而是把它当作一个辛苦的、堆砌句子的任务。如果抱有这样的心态来写，那其中出现指称错误、冠词缺失、时态混乱等问题就显得并不奇怪了。韦伯斯特（Webster，2017）从另一个角度解释了听障学生写作中的问题，他认为由于听障学生没有习得有声语言的交流规则，所以他们在写作时并不关注篇章结构（discourse structure）。他让听障学生和健听学生分别写两个故事，要求一个故事写在常规的纸上，另一个故事写在复写纸上（所写内容并不会留在纸上，写下一句时上一句就会消失，所以不能重看和检查）。结果显示听障学生的写作表现并没有受到纸张的影响，而健听学生在复写纸上的作文错误率却明显提高。由此证明听障学生写作时并没有关注篇章规则（contextual discourse rules），所以与健听学生相比，他们的作文前后连贯性不强。

2.3　听障学生的写作问题研究

2.3.1　国外研究

由于上述障碍，听障学生在写作中面临着巨大的挑战。相较于同龄健听学生，他们的写作在结构层面（语法、语篇长度）通常表现较差，他们英语写作中最明显的特征就是词语重复以及句型单一，这与他们对英语句法掌握不够熟练以及词汇量较少有很大的关系（Saulsburry，2016；Bowers et al.，2018）。例如，在句子层面，听障学生倾向于使用结构较为简单、长度较短的句子，并且习惯重复使用同一个句型，变化较少，不完整和无意义的句子较多（Powers & Wilgus，1983；Wilbur，2000；Wolbers，2007；Wolbers et al.，2014；Webster，2017）。此外听障学生在写作时虽然名词和动词的使用频率与健听学生大致相同，但经常遗漏副词、连词以及助动词。另外，听障学生的词汇量要远远低于同龄健听学生，并且新词习得率也较低（Wolbers，2007）。虽然随着年龄的增长，听障学生会在语法和词汇的使用上取得一些进步，但仍然很难达到与同龄健听学生相等的水平，他们在高中毕业时的写作能力仅大致相当于健听学生小学三四年级的水平（King & Quigley，1985；Marschark et al.，2002；Wolbers et al，2018）。事实上，12 岁之后听障学生的语言进步速度明显放缓，很多学生在接下来的 10 年里只获得了相当于 12

岁之前 1 年的进步（Yoshinaga-Itano et al.，1996）。

除结构层面的问题之外，相当一部分听障学生的作文在内容层面的问题也较大，具体表现为：文中的每个句子好似都与话题相关，但整体却给人一种抓不到重点、结构散乱、句子不连贯的感觉（Wolbers et al.，2018）。如果仅仅通过读作文，可能很难推知写作话题。这是因为很多听障学生在写作前对结构和内容没有一个大致的规划，通常是想到什么写什么，也就是缺少内容层面的写作知识。听障学生在写作时应将写作看作一个过程，设置写作目的和预期读者，注重内容的排列和语言的连贯（McAnally，Rose，and Quigley 2007）。此外，学生还需要了解不同类型写作（如记叙文、说明文、议论文）的行文风格和文本结构，根据写作任务选择合适的写作体裁。在听障学生写作的内容层面上，首先需要关注的一个问题便是文章的连贯性（Klecan-Aker & Blondeau，1990；Antia et al.，2005；McAnally et al.，2007；Wolbers et al.，2018）。听障学生在写作时更多地依赖于联想式的写作技巧，通常引入多个主题而不对其进行阐述（Yoshinaga-Itano et al.，1996），这种将想法直接呈现出来的现象叫作"知识性陈述"（knowledge-telling），它的目的是记下所想，完成老师布置的任务，而非与读者进行有意义的交流。听障学生的这种"知识性陈述"很大程度上依赖于外部的帮助或提示，例如教师的指导、作文字数要求等。学生像是做问答题一样回答教师提出的每个问题，回应每项要求（Englert et al，1991）。其实，学生在写作时应将每个句子仔细地编织在一起，使上下文连贯，而不能将无关的内容任意罗列在一起（Paul，1998）。

Wilbur（2000）发现听障学生在写作时遇到的问题，往往也会出现在阅读中，这说明语言、阅读和写作三者的能力是相互联系的，例如语言能力不足或词汇量有限会同时阻碍阅读和写作能力的发展。反之，若听障学生在三者中有一项能力处于较优秀的水平，那么其余二者的能力也都不会太差。吉永-伊塔诺等（Yoshinaga-Itano et al.，1996）指出当听障学生和同龄健听学生的阅读能力大致相同时，他们的写作在语法和内容上的表现也大致相当。因此，阅读和写作二者之间是相辅相成的，对其教学也应是同时进行的（McAnally et al，2007）。

2.3.2　国内研究

国内针对听障学生写作问题的研究主要集中在对书面语中出现的问题进行归类，这些研究都是通过收集听障学生的作文或日记来归纳其中的问题。

在词语使用方面，听障学生经常表现出结构残缺、语序颠倒、词性误用、表达不周和用词不当几种错误（刘德华，2002；王姣艳，2004；邵伟和张伟萍，2013；崔亚冲，2018）。还有的研究在分析错误类型时，区分了句内错误和句间错误。句内错误主要指的是成分残缺、动宾搭配不当，以及补语语序不当；句间错误主要是指关联词的缺失（王梓雯等，2018）。

另外还有一些研究只对听障学生书面语中的某些特定现象进行了分析，例如对形容词程度范畴的使用（梁丹丹和王玉珍，2007）。该研究认为汉语是听障学生的第二语言，以此为前提，讨论了听障学生习得汉语形容词程度范畴的偏误情况，认为听障学生程度范畴使用的偏误主要有两种，第一种是程度范畴的缺失，第二种表现为程度范畴的误用。该研究还对产生偏误的原因进行了简略的分析，作者认为听障学生在使用程度副词时没有遵守"同性相斥"的规律，即表示同一性质程度的形容词不能同时使用。但是听障学生经常会发生程度副词连用的情况，出现"真好热""格外好热"这样的偏误。还有研究分析了听障学生书面语中的汉语构词偏误（梁丹丹和刘秋凤，2008），该研究从词法层面对听障学生的汉语构词偏误进行了描写、统计和分析，所用语料为听障学生的日记和作文，共统计了443例构词偏误。该研究发现听障学生的构词偏误主要包括新造词、语素替代、语素错误、语素顺序颠倒四种类型。其中语素顺序颠倒所占比例最大，为51.1%，远超出其他类型的错误。之后作者提出了听障学生汉语词汇教学的几个策略，即"增强语义中心意识、强调目标词理据、对比相同或近义语素构成的词群"（梁丹丹和刘秋凤，2008）。这篇文章是国内首个关注听障学生汉语构词情况的研究，具有开创意义，在一定程度上弥补了该领域的空白。但是文章中关于偏误的分类还不够准确，每种偏误类型中的小类之间存在交叉，并且文章中没有对听障学生构词偏误产生的原因进行分析，这些都需要进一步整理和研究。陈珂等

（2016）通过对比健听学生和听障学生书面语中趋向动词的使用情况，总结出听障学生在趋向动词使用上的偏误规律。在偏误数量上，趋向补语最多，主要表现为错序、缺失和误用；由趋向动词构成的连谓短语数量次之；趋向动词单独作谓语或作谓语中心的数量最少，主要表现为缺失、赘余和误用三种类型。该文第一次关注了听障学生的趋向动词使用情况，并总结出了该类动词的习得顺序和偏误成因，为我们进一步分析听障学生的书面语表达问题提供了材料支撑。

在句子使用层面，听障学生书面语中的复句使用率要高于单句的使用率，并且复句的使用以并列复句为主，单句的使用以主谓句为主，二者出现错误的频率大致相同（王梓雯等，2018）。另外有一些文章针对听障学生书面语中的某类句型进行了分析，例如王玉玲（2017）以形容词谓语句为例，通过网络和笔谈的形式对在普通学校就读的两位高三听障学生进行了专门的写作指导，探索适用于听障学生的网络教学流程，以及教师在教学语言、内容和途径上应该注意的问题。在网络语法课堂上，师生全程通过书面汉语进行交流，营造了良好的汉语学习环境；并且这种将语法拿出来专门授课的教学方法可以帮助听障学生扩充汉语语法的显性知识（explicit knowledge），值得我们思考和借鉴。张帆和李德高（2017）利用心理实验考察了听障学生"是……的"句的句法意识。实验结果表示，重度听障学生对该结构中的句尾助词"的"的理解困难程度要大大高于中轻度听障学生，也就是说重度听障学生"是……的"句的句法意识较弱。该研究从心理角度分析了听障学生的句法意识，拓宽了以往研究的视野，提供了新的研究方法，对重度听障学生的汉语语法教学和训练具有重要的指导意义。

在文章内容上，国内相关的研究较少，只有王姣艳（2004）认为听障学生大多只描述身边发生的事情，没有加入自己的感受或观点，并且文章缺乏布局，没有主次之分。另有两篇文章从叙事特点和叙述视角入手考察了听障学生书面语在内容层面的表达特点。王娟和张积家（2015）以小学 3—5 年级汉族听障学生为实验对象，考察了他们的书面语叙事特点，并与健听学生比较，揭示了听障学生书面语叙事的发展特征。结果发现：听障学生的书面语叙事在结构（词汇丰富性、词汇密度和平均句长）上比健听学生要弱，并且他们的语序倒置、词语误用和成分缺失的错误比健听学生要多；听障学生书面语叙事在宏观结构（情节线索、故事主题和遭遇描述）上与健听学生没有太大的差异；听障学生的书面语叙事能力随着年龄的增长，在叙事结构上表现出与健听学生相同的发展趋势。作者认为听障学生需要借助手语知识来组织书面语的宏观叙事结构，并且他们的手语知识对书面语的叙事结构具有负迁移作用。张颖杰（2017）以听障学生写作中的叙述视角为研究对象，分析了自然手语对听障学生汉语写作中叙述视角的影响，其语料来自一位高二年级没有佩戴助听器的听障学生。这位听障学生的书面语问题在叙述视角上主要表现在三个方面：一是指代不清，二是叙述视角转换无序，三是叙述视角与人物身份混淆。之后作者通过分析该听障学生的自然手语，发现其在手语表达中叙述视角清晰、简练、有序，他认为该生汉语作文叙述视角混乱的问题，是由手语表达和汉语表达中指称的差异造成的，因此作者采用设定角色的身份和角色间的相互关系，使用存现句和语义限制，以及将第一人称作为叙述的视角等方式帮助该生改进写作中的叙述视角问题。该文从篇章的角度分析了听障学生汉语写作中的问题，给了我们很多启发，但是本文的改进措施并未从根本上解决问题。听障学生之所以在汉语叙述视角上出现问题，除了手语的影响，还包括对指称编码形式的掌握不足等原因，例如做饭的人叫厨师，开车的人叫司机，这些词语没有进入听障学生的心理词典，其在表达时自然不会使用，叙述时就会造成指代混乱。另外，该文的研究对象是一位拒戴助听器的听障学生，但是目前绝大部分的听障学生都佩戴了助听器或植入了人工耳蜗，因此该生问题的普遍程度还有待考察。

面对听障学生书面语中出现的这些问题，国内的一些学者对其原因进行了解释。他们认为学校忽视对听障学生语言能力的培养、手语的局限性及手语思维是三个主要的影响因素（王姣艳，2004）。吴铃（2005）认为，汉语由于缺少手语中的手势、表情、身体、口型和聋式词语，使得聋人书面语中的词汇量较少，以及手语的易懂词优先、否定词后置以及动宾一体等语法特点，对听障学生汉语书面语中句子使用的影响较大。

国内的这些研究较为全面地分析了听障学生写作中出现的问题，在一定程度上填充了这方面研究的空白，也成为后续研究的参考文献。此外它们还为我们了解听障学生的写作特点提供了很多背景信息，给了我们很大的启发。但是，这些研究对听障学生书面语中某些错误的分析和归类并不完全准确，且没有对书面语中所出现问题的归类标准进行说明，"类别之间缺乏内在的连续性，类别内部缺乏同质性"（梁丹丹和王玉珍，2007）。并且在还原听障学生表达的原意时认为只要将句子修改通顺即可，带有较大的主观随意性，没有意识到各个问题背后的规律。

2.4　听障学生课堂教学方法

2.4.1　国外教学方法

沃尔夫（Wolff，1977）曾对"认知课堂"和"传统课堂"进行了区分，他认为认知课堂上的教师会采用语言策略帮助学生训练推理、分类、归纳和比较等高级思维能力，并且课堂上教师的指导时间很少，学生有大量时间进行讨论。而传统课堂上的教师则倾向于让学生进行机械式的记忆训练，例如通过提问来回忆过往事实。克雷格和柯林斯（Craig & Collins，1970）对学生的课堂参与和互动程度进行了研究，结果显示在听障学生的课堂上，无论学生的语言表达处于何种水平，教师都倾向于采用传统的教学方法。教师占据了课堂时间的 75%，而学生只占了 25%（Craig & Collins，1970；Miller & Luckner，1992）。

但仍有一些教师在听障学生课堂上采用非传统的教学模式，例如 Mayer等（2002）观察了一些模范教师的课堂，他们发现高效的教学课堂存在一些共性，诸如教师喜欢在课堂上使用话语策略，努力调动学生的积极性，让他们主动参与并与教师共建课堂。在这种非传统课堂上，教师不再是知识的"灌输者"，而是以学生为中心的知识的"引导者"，鼓励学生自主探索。例如，在解决问题时，教师通常是采用问题引导的方式带领学生一步步进行探究和推理，直到学生能够自己找出答案，而非直接将答案呈现出来。其他的很多研究都证明了这种非传统的、互动式的课堂教学对听障学生所产生的积极意义（Schneiderman，1995；Lang & Albertini，2001；Wolbers，2007；Dostal，2011；Wolbers，et al.，2011；Kilpatrick，2015；Skerrit，2015；Saulsburry，2016；Bowers，et al.，2018）。

针对听障学生的教学可以大致分为间接/隐性的教学方法和直接/显性的教学方法两种。间接/隐性的教学也称为全语言教学，这种教学方法在听障学生的课堂上较为普遍。拉萨索和莫布利（LaSasso & Mobley，1997）的一项调查发现，将近五分之四的听障学生课堂都是基于全语言教学的课堂。Wolbers（2007）总结了全语言课堂的教学理念：（1）阅读、听力、口语和写作四者是相互关联、相辅相成的；（2）读写技能只有在真实的语境中才能得到发展；（3）学生应该学会通过"做"来提高"做"的能力，通过"写"来提高"写"的能力；（4）写作活动应以学生为中心，学生具有支配权和选择权；（5）教师应该注重写作的过程，而非写作的结果；（6）学生在写作上花费的时间要比传统课堂上更多，而非更少。

与全语言教学方法相对的是以教授语言技能为主的教学方法，即直接/显性的教学方法。这种教学通常脱离真实的写作环境，将教学重点放在机械式的语法练习上，即使鼓励学生创作故事，往往也会因为过于强调语法和词汇的准确性而影响学生的创作。在这种教学模式下，学生很容易受挫，对自己的写作结果常常感到沮丧，因为在完全掌握语法规则之前，无论他们如何努力练习，也不能完全保证写出的句子全部正确（Skerrit，2015）。然而教师对句子准确率的关注甚至超出了对写作内容的关注，导致学生由于害怕写错而不敢下笔或无法写出自己真正想表达的内容，只能用自己有把握的最简单的句子写出一篇死板、无趣，甚至前后并不连贯的作文（Antia et al.，2005）。因此一些研究认为非纠错的教学方法也许更适合听障学生，因为不将关注点放在错误上有助于培养学生的自信心和表达的流畅性（Harrison et al.，1991；French，1999）。

罗斯等（Rose et al.，2004）指出如果教师只专注于学生语言表达的准确性，那么作文内容层面则会受到影响，例如他们在文章的连贯性和话题的深入展开上都表现不佳；然而，全语言教学又会导致更多的语法错误，使得听障学生的作文总是不尽如人意。因此 Mayer（1999）提出对写作的教学需要平衡直接/显性和间接/隐性教学的比重。而实现平衡的一种方法便是写作教学要基于学生的真实生活经验（Wolbers，et al.，2011；Kilpatrick，2015；Skerrit，2015；Saulsbury，2016；Bowers，et al.，2018）。

2.4.2　国内教学方法

　　国内针对听障学生课堂教学方法的专门研究并不常见，已有的一些方法大多是针对文章中的问题提出的，并未见全面、系统的听障学生课堂教学方法（崔亚冲和傅爱兰，2019）。例如针对听障学生在写作中出现的问题，一些学者提出了相应的教学方法。吴铃（2005）提出通过思维训练帮助听障学生提高写作能力。该研究中对听障学生 A 进行了个别写作辅导，作者首先进行了即时写作训练，之后进行了复杂思维训练。在第二阶段，因为作者发现研究对象只能对在眼前的东西进行描写，而对于不在眼前的事物则无话可写，所以作者设计了从具体到抽象、从观察到推断、从实物到虚拟、从词语到思维这几种方式，训练学生对想象中的事物或事件的写作能力。在整体文章写作时，作者选择了分类、描写、英译汉以及看图写作几种方式，帮助学生训练写作能力。该研究从具体实践的角度提出了训练听障学生写作的几个方法，虽然只是个案研究，其普适性还有待考察，并且没有较为系统地论述每种方法的具体操作办法，但是作者对听障学生思维的训练值得我们关注。

　　还有一些研究从手语和汉语两种语言系统差异的角度提出教授写作的方法，例如吴铃（2005）认为聋人的手语对其汉语书面语的写作影响较大，在此基础上提出以下教学建议。首先，教师可以利用聋人手语中特有的词语（手势、表情、身体、口型和聋式词语）帮助他们学习汉语书面语，帮助听障学生丰富书面语的词汇量。其次，教师要掌握听障学生的手语特点，并与汉语书面语的特点进行对比，帮助听障学生认识书面语中主、谓、宾的句法顺序，以及修饰语和中心词、否定词和中心词的排列语序，提高他们的汉语语法知识储备。高彦怡（2008）认为对听障学生的书面语教学应该针对手语和汉语这两种语言系统之间的差别设计教学内容，同时增加听障学生语训课的训练强度；通过复述、仿写、转写、笔谈和写日记的方式，让学生多练习书面语写作。除此之外，教师还要创造良好的语言课堂环境，增加师生之间的互动；同时父母要多与孩子交流，让他们多说、多练，激发他们说话的兴趣。另外听人也要主动接纳聋人，帮助他们融入听人社会。梁丹丹和王玉珍（2007）通过对听障学生书面语中形容词程度范畴的偏误分析，提出听障学生的汉语教学应该注重从实际的语言现象中寻找规律，而想要透过现象抓住规律需要教学者不断地积累语言事实，提高自身的语言素养，重视手语、汉语两种语言的对比。王梓雯等（2018）提出听障学生书面语教学应注重增加语训强度，积累口语经验，培养正确的语感。作者还建议聋校教师在书面语教学时多进行手语和汉语的转换练习，总结转换规律，提高听障学生汉语书面语表达的准确性。这些研究从教师、家长和社会三个方面提出建议，虽然较为全面，但在教师教学方面并没有具体说明教学方法，家庭和社会方面的操作又难以进行，并非一朝一夕可以完成。

另外，还有一些教学方法针对的是写作中的具体语法和词汇问题。例如他们认为教师在进行书面语教学时应注重错别字的整理和辨析、词汇量的积累、典型病句的分析和预防（邵伟和张伟萍，2013）。另外，语文教师还要帮助听障学生区分口语和书面语，扩大阅读量，培养语感；创造机会，多进行仿写训练，帮助学生树立写作信心；丰富书面语的应用形式（邵伟和张伟萍，2013）。此外还有培养写作兴趣，积累写作素材，养成观察习惯，增加实践机会，注重阅读指导（崔亚冲和傅爱兰，2019），加强评价指导几个方面（陈洁，2018）。王梓雯等（2018）在分析了听障学生书面语中的句法偏误后，提出多让学生模仿和背诵好句、好文，逐步培养他们的写作思维。值得一提的是，王红和王斌（2011）提出写作是一个从"意化"到"胎化"再到"物化"的动态过程，是一个创造性的、复杂的精神生产过程，针对听障学生的写作教学要遵循让他们"有话可说""有话愿说"和"有话会说"的原则，通过创设情境、走进生活、强化阅读、尊重主体几种方式，帮助听障学生提高写作兴趣，积累写作素材，掌握写作结构，学会修改作文的方法。这些文献都探讨了听障学生写作能力的培养方法，提出的观点虽然是写作课堂上老生常谈的内容，但是并没有体现出听障学生的特殊需求，因此针对性并不强。

2.5　本章小结

国外关于听障学生写作情况的分析和教学策略的研究很多，尽管没有关于中国听障学生的研究，其研究方法仍可为我们所参考和借鉴。国内有关听障学生写作方面的研究主要包含了问题和对策分析两个方面。这些研究具有开创意义，让我们对于听障学生的汉语书面语表达情况有了大致的了解，也为之后的研究指明了方向。但由于这方面的研究才刚刚起步，可以参考和借鉴的理论和方法还比较匮乏，使得这些研究在一定程度上还存在不足，需要我们进行深入的调查和分析。

通过分析已有文献，我们可以归纳现有研究中的几个问题。

（1）国内外在听障教育领域对听障学生写作和教学方法的研究并不普遍，文献数量不多，研究结果也并不丰富。从 1919 年至 1998 年有关听障学生写作的研究文献仅有 137 篇，平均每年 1.7 篇；1999 年至 2018 年间共 425 篇文献，平均每年 21 篇，虽较前 80 年来说，数量明显增长，但相对于其他学科，本领域的文献数量仍较少。并且该领域研究主力一直为美国学者，中国自 2011 年始对该领域研究的关注度有所提高，但整体发文量不高。

（2）有关听障学生写作研究的文献主要集中于教育研究和康复研究，在语言学或特殊教育领域的发文量较低，中心性也不高。拉克纳等（Luckner，et al.，2005）发现，在过去的 40 年间，关于听障教育的文章有 964 篇，其中实证研究文献仅 22 篇，其他大部分文章都非学术性研究，而是新闻报道、随笔或书评等。因此当他们想对已有文献做对比研究时发现无法找到研究同一方向的两篇文章。此外，在仅有的 22 篇实证研究文献中，与听障学生写作相关的研究仅不到四分之一。经过十几年的发展，虽然相关研究的数量在逐渐增加，但相对于听障教育领域对于写作教学的需求，已有的努力还远远不够。

这些都在提醒我们，对听障学生的写作研究很有必要。

（3）近年来，听障学生写作研究成为听障教育领域的研究热点和发展趋势。但研究内容主要集中于听障学生写作特点以及造成写作障碍的原因分析，针对写作教学方法的研究较少，其中比较有代表意义的为美国的策略与互动写作教学（SIWI）。然而策略与互动写作教学是针对美国中学阶段听障学生的写作教学方法，与中国小学阶段听障学生的写作教学方法不能一概而论。

此外，国内有关听障学生的写作研究还存在以下几点不足。

（1）以往的研究大都将汉语看作是听障学生的第二语言，由此将汉语教学看作是二语教学，将书面语中出现的问题看作是偏误。但是据我们对北京某特殊学校听障学生的初步调查，发现95％以上的学生都来自听人家庭，在汉语的语境中长大，进入学校之前并不会使用手语，因此能否将汉语看作是他们的第二语言还有待商榷。如果汉语不是听障学生的第二语言，那么偏误的叫法自然也不合适。

（2）以往的研究虽然都搜集了听障学生的书面材料，但是并没有对这些听障学生的情况进行具体描写。例如调查对象是语前聋还是语后聋，在普通学校还是特殊学校学习，他们的年龄层次、年级高低，以及他们平时的生活环境如何，等等。这些因素都会影响到听障学生的写作情况。如果在分析前不将这些前提因素考虑进去，最大限度地控制干扰因素，那么对语料的分析也会存在一些偏差。

（3）国外从20世纪30年代便开始关注对听障学生写作能力的分析，我国的研究仍然停留在分析听障学生书面语表达中的个别问题上，并且大都采用归纳的办法，即从语料中找出问题，统计数量，归纳成类，但是至今并无统一的分析方法，各个研究者通常都是逐条描述问题，归纳出的问题类型也不外乎语序颠倒、词汇量少、关联词残缺、句子成分冗余或残缺几个方面，这些"类别之间也缺乏内在的连续性，类别内部则缺乏同质性"（梁丹丹和王玉珍，2007）。并且已有的研究都只关注了听障学生在结构层面的写作问题，对内容层面问题的关注仅有一两篇文章，然而在我们所统计的语料中发现，很多听障学生书写的每个句子都是正确的，但是由于段落之间和段落内部缺少关联性，使得整篇作文不知所云，因此我们有必要把研究的视野扩展到写作的内容层面。

（4）我国有关听障学生写作教学模式的研究并不常见，已有的一些内容主要包括两个方面。一是传统的写作教学方法：这类文章中的教学方法主要包括了培养写作兴趣，积累写作素材，注重实践机会，重视评价反馈等方面。这些方法作为写作课堂上老生常谈的内容，虽是必要的，但与健听学生的写作教学方法并无太大差异，没有很好地满足听障学生的特殊需求。二是手语双语教学：这种教学方法是针对听障学生的特殊需求提出的，考虑到听障学生的语言使用状况，很多研究提倡特殊学校教师在课堂上使用手语双语教学，摆脱学生听力的限制，保证听障学生最大限度地获得课堂信息（姚勤敏，2017）。另外，香港地区 2006 年提出的"手语双语共融教育计划"（Sign Bilingualism & Co-enrolment Education Programme，简称 SLCO），提倡听障学生与健听学生在同一个班级学习的理念，将聋健学生的比例设置为 1∶3 或 1∶4。每一堂课都分别配备聋人和健听教师，进行协作教学，课堂上使用手语和口语，听障学生和健听学生通过这两种语言进行交流（姚勤敏，2017）。然而无论是手语双语教学还是共融教育计划，他们关注的都是整个听障学生的教学方法，并非针对写作的专门方法。

已有的研究只是从理论上说明了教学的方法，却没有将写作的特点与听障学生的需求很好地结合起来，没有从实践角度告诉教师应该怎么教，学生应该怎么写，以致特殊学校的很多教师至今仍然不清楚如何上好写作课。很多听障学生面对写作任务常常表现出"不想写""无话写"和"不会写"的情况（崔亚冲和傅爱兰，2019）。

第3章　听障小学生写作教学模式：
过程与策略写作教学

3.1　过程与策略写作教学模式的理论背景

3.1.1　写作认知过程理论

写作认知过程理论（cognitive process theory of writing）是弗拉尔（Flower）和海耶斯（Hayes）在 1980 年提出的。他们认为成熟作者在进行写作活动时，大脑中存在一个完整的认知过程，而没有认知过程或过程不完整的新手作者就会在写作中遇到障碍。

写作认知过程理论对写作实践以及写作过程的阐释具有重要的意义，它能够帮助我们更好地理解写作所需的认知活动，以及这些活动如何或何时被激活。同时它也可以用来解释造成成熟作者和新手作者之间差异的原因（Hayes & Flower，1980；Applebee，2000）。研究者可以通过二者在认知上的差异为新手作者量身打造教学或学习方法，帮助新手作者提高写作能力。

写作是一门复杂的艺术，它要求作者具备广泛的知识，包括与话题相关的知识、写作过程知识、文本结构知识、修辞知识、写作格式方面的知识，等等（Hayes & Flower，1980；Hillocks，1995）。作者缺失任何一种知识都会在检索和提取知识的过程中遇到障碍，给短时记忆造成负荷。因此 Flower 和 Hayes（1980）指出对新手作者的指导应该致力于帮助他们摆脱知识障碍的约束。在研究个体作者认知方面的表现时，Flower 和 Hayes 从问题解决的认知范式（cognitive problem-solving paradigm）出发，构建了一个用于"诊断"新手作者写作困难的模型（Flower & Hayes，1980；Hayes，2000）（见图 3.1）。他们通过观察成熟作者在写作时的有声思维（think aloud）和内在对话（inner dialogue）来了解写作的认知过程（Applebee，2000）。

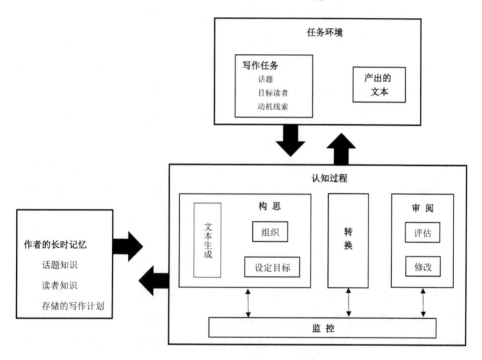

图 3.1 写作认知过程理论①模型

这个模型主要包含了三个部分内容：作者的长时记忆、任务环境以及认知过程。Flower 和 Hayes 对前两个部分进行了简单的解释，长时记忆指作者已知的话题和读者知识以及写作计划等；任务环境指的是作者本身以外的东西，例如当下写作的话题、目标读者和动机线索等问题，以及已经产出的文本。他们着重分析了第三个部分——认知过程，这个过程包括构思

---

① 图中文字为本书作者翻译，原图见 Flower, L. S. & Hayes, J. R. The dynamics of composing：Making plans and juggling constraints. In L. W. Gregg & E. R. Steinberg（Eds.），*Cognitive processes in writing*，1980；31-50. Hillsdale，NJ：Erlbaum & Associates.

(planning)、转换（translating）和审阅（reviewing）三个步骤。

（1）构思

构思就是思考如何完成一项写作任务，它既可以在作者的大脑中完成，也可以借助外在的形式完成。例如作者可以在脑海中一步步计划文本写作的内容和结构，直接在大脑中完成整个构思过程；也可以利用纸笔或电脑，将脑中思考的内容呈现出来。但是当作者通过借助外在形式进行构思时，其认知上的压力会大大减小（Flower & Hayes，1980）。构思的其中一种形式便是做提纲，作者可以写下与主题相关的观点或想法，然后尝试将这些想法组织成某一体裁文本的大纲或框架。

研究表明，成熟作者要比新手作者在构思上花费的时间多得多，新手作者通常在接到写作任务后直接动笔，在整个写作过程中没有单独的构思环节（McCutchen，2006）。然而新手作者和成熟作者写作能力的差别并不仅仅在于成熟作者在构思上花费更多的时间，实际上，成熟作者在写作的每个环节（组织、起草、修改等）都要比新手作者花费更多的时间（McCutchen，2006）。

（2）转换

此处的转换指的是将脑中的想法转换为词语和句子，为了避免术语上的混淆，斯卡达玛利亚和百瑞特（Scardamalia & Bereiter，1986）称其为"生成"（generating）。生成对新手作者来说是最富有挑战性的一个步骤，因为新手作者在将大脑中的想法转换为句子和段落时，通常不能很好地将想法连贯起来，并且在丰富和扩充想法时也会遇到困难。Hayes（2000）认为成熟作者通常比新手作者表达的内容更丰富，并且在篇幅上平均要比新手作者多出 30%。

首先，这是由于新手作者在写作时更加依赖口语的表达模式，因此其写出的句子大多较短，且连贯性不强（McCutchen，2006）；其次，新手作者在写作时除了要关注语言表达上的问题，还要注意字词的使用和词语的拼写，这些都会对还不太熟悉写作的新手造成认知上的负担（Scardamalia & Bereiter，1986）。因此如果在写作时采取小组合作或全班共建文本的方式，可以在一定程度上减轻每位学生的认知负担，这样他们就可以将更多的精力和时间放在内容表达上，最后写出的文章质量也会好很多（Pressley & McCormick，1995）。

（3）审阅

审阅是提高写作质量的重要步骤，它包括了评估和修改两个环节。通过重读文章，可以自我检查或互相检查写作内容是否符合话题要求，表达是否丰富，标点符号是否正确，以及有无错别字，等等。完成以上内容后就可以对文章进行修改了。新手作者可能只会对文章表面上的一些问题进行修改，例如标点符号和错别字。而成熟作者则会关注更为深层的内容，例如文章的结构安排，论述的深度和广度，以及文章前后的连贯性，等等（Scardamalia & Bereiter，1986；Hayes，2000；McCutchen，2006）。

另外，成熟作者还会站在读者的角度上来审视一篇文章，确定文章中提供的信息量是否合适，表达口吻是否得体，所写内容能否给读者提供恰到好处的有用信息（Pressley & McCormick，1995；Hayes，2000）。这些能力都是新手作者需要通过显性的指导和训练才能获得的（McCutchen，2006）。

3.1.2 认知策略理论

认知策略由美国心理学家布鲁纳（Bruner）于 1956 年提出，指使用认知思维来解决问题或完成学习中的任务，是学生学习的有效工具（O'Malley & Chamot，1990）。在学习中使用学习支架的行为就是运用认知策略的一种表现形式。与认知策略密切相关的一个术语是元认知，此概念由弗拉维尔（Flavell，1979）提出。Flavell 认为元认知是学生对认知的认知，是对学习过程的一种自我监控、评估和调节，是认知策略的重要组成部分。

20 世纪 70 年代，一些美国学者从信息加工的角度解释认知策略。他们认为，在人的认知系统中存在一个对信息进行整理和储存的系统，而认知策略则是学习者用来加工这些信息的一项技能，它能够有效地帮助学习者完成信息的筛选、记忆、储存、处理以及解释等工作。奥马利和查莫特（O'Malley and Chamot，1990）认为认知策略作为学习策略的一种，包含了重复、归类、演绎、记笔记、重新组织、迁移、推测和总结等内容。斯图罗姆斯基（Sturomski，1997）提出可以将学习策略分为认知策略和元认知策略。其中认知策略指对信息的操作和加工，例如学生在进行记笔记、填图表或提问等任务时会用到认知策略。不同的任务有不同的认知策略，一种认知策略只对特定的学习或完成某项任务有用。元认知策略通常指自我调控的策略，主要用在计划、监控和评估学习中，它旨在帮助学生意识到学习是一种信息加工的过程，并且明确哪些策略有助于哪些加工过程。例如，在写作前抽出一些时间进行构思和组织，更容易写出好的文章。经常使用元认知策略的学生会具备更好的自我调节能力，他们在面对学习任务时，能够制定适合自己的学习目标，并以积极的方式进行自我指导，采用特定的策略解决学习中的特定困难；他们还可以通过元认知策略监控自己的学习进度和学习效果。如同认知策略一样，元认知策略也是需要通过显性教学和训练的方式获得的。

很多研究表明，认知策略和元认知策略对于学好一门知识或者获得一项技能至关重要。我国有关二语写作的很多研究都涉及了认知策略和元认知策略，例如李振东（2007）等，但有关听障小学生的写作研究却鲜有提及。

3.1.3　英文写作教学模式

已有的写作教学方法大多针对中学生或成人，有关小学生写作的研究并不常见（Bowers，et al.，2018），更不用说针对听障小学生的写作教学方法，几乎无人涉猎。本书设计的写作教学模式很大程度上受到普通教育和特殊教育领域的三种教学模式的启发，分别为写作认知策略教学（cognitive strategy instruction in writing，CSIW）、"早间新闻"（morning message，MM）以及策略与互动写作教学（strategic and interactive writing instruction，SIWI）。其中写作认知策略教学是针对学习障碍学生提出的写作教学方法；"早间新闻"针对的是普通高年级学生、大学生以及成人；策略与互动写作教学在设计之初针对的是美国初中听障学生，之后也用于美国听障小学生的写作教学研究中。

3.1.3.1　写作认知策略教学

恩格勒特和拉斐尔（Englert & Raphael，1989）以信息加工理论为指导，针对写作困难学生，尤其是学习障碍学生（learning disabilities），提出了写作认知策略教学（CSIW）。学习障碍学生通常缺少写作相关知识以及写作中的自我调节策略，写作认知策略教学旨在通过介绍成熟作者的写作过程和认知策略，锻炼学生的写作思维，帮助他们内化写作知识和策略，提高写作能力。写作认知策略教学主要关注的三个方面为：（1）说明文的结构；（2）写作过程（POWER）：构思（planning）、组织（organizing）、写作（writing）、修改（editing）和审定（revising）；（3）读者意识和受众考虑。

写作认知策略教学用不同的思维表（think-sheet）来表示成熟作者的写作策略，而这些思维表就是学生的学习支架，它们可以辅助学生完成通常无法独立完成的写作任务。写作过程中的每个环节都有相应的思维表，例如在构思环节，思维表要求学生回答为谁而写（预设读者）、为何而写（写作目的）以及已知和未知信息（背景信息）等问题。在组织环节，思维表要求学生对头脑风暴后的信息进行归类和排序，并为每一类信息命名。在写作环节，学生按照思维表上的写作结构和顺序进行写作，例如在介绍性写作中，首先写明要介绍的人、事或物，之后按照时间、空间、逻辑或事理等顺序对主体进行介绍。在修改环节，思维表要求学生站在读者的角度考虑作文是否清楚阐释了话题内容，是否完成了写作目标，并对有问题的部分提出修改建议。在审定环节，思维表引导学生思考给出的修改建议，并在将要采纳的建议上做标注。写作认知策略教学使用助记符号"POWER"表示整个写作过程，符号中的每个字母代表写作中的一个环节，方便学生记忆。

思维表是教师和学生谈论写作过程的工具。师生可以在课堂上通过对话了解他人的写作策略和过程，这是认知和元认知能力发生质变的必要环节。随着学生对写作过程和策略的使用越来越熟悉，对思维表的使用就会越来越少，直到最后他们可以摆脱思维表，进行独立写作（Englert & Mariage，1991）。

Englert 等（1991）通过实验前、实验后以及对照组、实验组的实验设计对写作认知策略教学的有效性进行了研究。实验组和对照组分别由三类学生组成——学习障碍学生、后进生和优秀生。研究者分别对两组学生在实验前和实验后的元认知知识、写作能力以及阅读能力进行了测试，结果显示接受写作认知策略教学干预的实验组学生的写作质量有较为明显的提高，而未接受写作认知策略教学干预的对照组学生的进步则并不显著。实验组学生，无论是否为学习障碍学生，都在写作体裁、读者意识、文本结构和写作的元认知知识等方面取得了进步。尤其值得注意的是，经过写作认知策略教学干预后，学习障碍学生的表现与对照组中非学习障碍的同龄学生表现相近，说明写作认知策略教学在一定程度上弥补了学习障碍学生与同龄普通学生之间的学业差距。

20 世纪 90 年代初，Englert 发现同样是使用写作认知策略教学干预，教师在社会文化理论的理念下进行的写作指导，与传统教学方法中以教师为中心的写作指导所取得的教学效果完全不同。因此 Englert 对写作认知策略教学进行了改进，将社会文化理论中的对话式教学方法（dialogic approach）引入其中。Englert 等（2006）谈到如果对写作认知策略教学中思维表和其他学习支架的使用只是教师或学生的"独角戏"，并没有经过课堂讨论或其他方式的沟通交流，那么这些支架的价值则远远没有被充分挖掘出来。因为影响学生写作表现的不仅仅是教学策略，营造一个师生共同思考、交流和建模的写作环境也同样十分重要，甚至会对教学效果产生决定性的影响。这一发现也促使我们思考对话或互动式写作教学的重要性。

3.1.3.2 "早间新闻"

对本书影响较大的第二种写作教学模式是"早间新闻"（MM）。它是一种日常的、指导性的、共享的对话式和互动式写作活动。"早间新闻"采用非传统的教学方式，鼓励学生在合作写作中通过交流的方式贡献自己的想法，减少教师对课堂的控制，将课堂主导权从教师转移到学生身上。在"早间新闻"课堂上，学生可以分享自己的观点，同时获得别人的观点，使其语言、思维、行动和写作能力都得到锻炼。课堂成员通过共享资源和反复的互动交流构建知识体系，随着时间的推移，个人会逐渐将外部的共享信息内化为个人知识 （Mariage，1998，2001；Englert & Dunsmore，2002）。

"早间新闻"是一个 15—30 分钟、师生共建的日常写作活动，由一位学生像报道新闻一样讲述当天的话题故事（一般为个人经历或逸闻趣事），之后师生一起将看到或听到的故事写成文章，预设读者可以根据具体话题需要来确定。其间参与学生根据写作需要询问故事讲述者一些具体细节（"谁、什么、哪儿、为什么、怎么样"等），以此来收集写作素材。当所有学生通过讨论后同意将某一个句子或短语用到作文中时，教师将学生的表达逐字逐句（有些句子可能会有语法和语义上的错误）地写在黑板上，可以等所有的句子都写完之后再修改其中的语法和语义问题，也可以在写作过程中进行修改。在修改时，教师带领学生重读黑板上的句子，提醒他们注意不正确的部分，以此帮助学生学习写作中的监控策略。当学生提出一项修改建议时，教师要鼓励其尽可能详细地解释修改的原因和目的。每位学生都在这种互动合作的环境中积极思考，畅所欲言，充分表达和分享自己的观点，为思想的自由碰撞带来可能。"早间新闻"课堂上的写作是一个循环递归的过程，参与者不停地在构思、写作、修改等环节之间来回移动。

"早间新闻"也是一个写作主导权逐渐转移的活动。当第一次向学生介绍"早间新闻"时，教师可以利用很多的时间进行直接的指导、提示，以及语言和思维的建模。随着学生写作策略知识的增多，以及写作思维的发展，教师会逐渐将写作的支配权下放给学生。在这个过程中教师要不断地"置身事外"（step back）和"置身其中"（step in）。"置身事外"是让学生做写作内容的决定者和评估者，"置身其中"是在必要的时候为学生提供支持和指导（Englert & Dunsmore，2002）。教师"置身事外"的时间越长，学生在写作中承担的责任越多，写作的自我监控能力、自信心和自觉性也会越来越强。

"早间新闻"对于训练学生内容层面的写作能力非常有效，因为在共建文本时，如果学生写出了跑题的句子，却并不自知，这时教师就会通过提问的方式帮助学生检查所写内容，进而使学生意识到这个问题。例如询问"我想知道这个句子与我们要写的主题相关吗？如何相关？"久而久之，内容的连贯性便会成为学生在写作时有意识思考的一个问题，从而降低了写作内容偏离主题的可能性（Wolbers et al.，2011）。另外，教师会将学生的写作成果分享给预设的读者（可能是学校领导、学生父母或其他社会人士），其目的是通过作品的分享向学生强调写作的本质：写作的最终目的是交流，是向读者传达信息或想法，而不是完成老师的任务或进行学业考核（Mariage，2001）。这些做法都会对提高学生内容层面的写作能力产生积极的影响。

玛瑞吉（Mariage，2001）曾对"早间新闻"的有效性进行了实证研究，结果发现大部分学生都可以从"早间新闻"课堂上学到有关写作的知识和方法。该研究指出，起初学生会在独立写作和修改作文时借用老师和同学的观点，但是久而久之，这些"较好或更好"的想法都会内化为学生自己写作思维的一部分，在之后的写作中自动出现（崔亚冲和傅爱兰，2019）。另外，学生修改作文的次数与他们修改作文的能力成正比，他们在共建文本时的参与度越高，在考试后的评价中便能提供越多的修改意见。这一发现提醒我们要重视学生课堂参与度在写作教学中的价值。

3.1.3.3 策略与互动写作教学

在结合写作认知策略教学和"早间新闻"的基础上，美国田纳西大学聋人教育中心的金伯利·沃伯斯（Kimberly Wolbers）教授于2007年提出了策略与互动写作教学（SIWI），它是针对美国中学阶段听障学生而设计的写作教学方法。策略与互动写作教学的特点在于它不是一个脚本化的课程（scripted curriculum），而是一个教学框架，由七个部分构成，包含了不同类型的教学支架。

在策略与互动写作教学的七个部分中，有三个主要构成部分，分别为策略教学（strategic instruction）、互动教学（interactive instruction）、语言和元语言知识教学（linguistic & metalinguistic knowledge instruction）。此外，策略与互动写作教学还包含了视觉支架、指导-独立、平衡性和真实性四个组成部分。

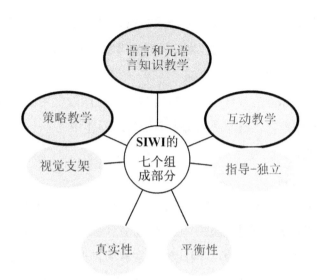

图 3.2　策略与互动写作教学（SIWI）的七个组成部分①

（1）策略教学

策略与互动写作教学在写作认知策略教学的基础上形成了构思（got ideas）、组织（organize）、语言（attend to language）、修改（look again）和分享（share）五个环节的写作过程（GOALS），并且强调这五个环节是可逆的、循环的，而非线性的。这些成为策略与互动写作教学中策略教学部分的主要内容（Wolbers，2007；Wolbers et al.，2011；Wolbers et al.，2015，2016）。

构思针对写作任务确定"写什么"以及"写给谁"。组织环节确定作文的结构。语言环节关注作文的内容和语言是否清晰地表达了自己的想法，以及是否很好地完成了写作目标；另外，在具体语言的使用上，要注意是否适当使用了连接词和过渡句，文章时态的使用是否正确，词语的数、格、时、体、态等是否使用正确，等等。修改时首先要重读作文，之后检查文章的结构是否符合任务要求，语言是否能够表达预期内容，以及标点符号、首字母大写、

① 图中文字为本书作者翻译，原图见网站 https：//siwi. utk. edu/about/。

单词拼写方面是否有误，并针对不合适的地方进行修改。分享就是将修改完的作文分享给构思环节预设的读者，此时要考虑以何种方式分享自己的作文，可以是发邮件、写信或是当面交流，等等。

如同写作认知策略教学一样，策略与互动写作教学用助记符号 GOALS 来表示整个写作策略，符号中的每个字母对应写作中的一个环节，帮助听障学生记忆和使用。

（2）互动教学

策略与互动写作教学在"早间新闻"的基础上提出了互动教学。因为儿童并非在孤立的环境中通过一句一句的方式来习得一门语言，而是在积极参与交流的过程中习得的。因此教师在教听障学生一门语言时，也不应该将重点放在语言本身，而是应该关注语言在实际生活中的交际作用（Miller & Luckner，1992）。互动教学为听障学生创建了一个真实、有意义的对话环境。在这个环境中，每位听障学生都会承担相应的责任，他们需要通过不断地交流才能合作完成一项学习任务（Rogoff，1990；Miller & Luckner，1992）。

在写作教学中，教师可以采用共建文本的方式，为听障学生创设一个互动写作的环境，写作任务难度应在听障学生的最近发展区内，这样所有的听障学生都可以积极地参与进来。在共建写作中，听障学生是问题的解决者，每位听障学生都会为了完成写作任务贡献自己的力量，他们可以通过"有声思维"（think aloud）分享自己的想法，同时观察别人的想法，在这个过程中学习新的知识，训练写作的认知策略和表达能力。

（3）语言和元语言知识教学

策略与互动写作教学的第三个主要组成部分——语言和元语言教学——旨在满足听障学生的独特语言需求。策略与互动写作教学的主要目标之一是发展听障学生的语言表达能力。

策略与互动写作教学将听障学生的语言表达能力分为三个水平。初级水平为既不能熟练使用手语也不能使用英语进行表达，中级水平为可以用手语但不能用英语表达，高级水平为可以用英语表达。对于处于初级语言水平的听障学生，教师可以让他们通过画图、表演等方式更好地阐明自己要表达的内容；对于中级语言水平的听障学生，教师鼓励这些学生用手语表达内容，再通过语言分区的方式对英语和手语进行比较，帮助听障学生用英语表达手语中的内容；对于高级语言水平的学生，教师只需帮助他们扩充英语表达的内容即可，可以通过词语锤炼、句式选择、好词好句背诵等方式帮助听障学生使用更为准确、地道和丰富的词语和句式表达自己的思想。随着教学的进行，听障学生的语言表达水平也逐渐由初级发展到高级。语言知识教学不仅有利于听障学生语言表达的准确性和丰富性，对其写作内容和作文的连贯性也有积极的作用（Dostal et al.，2019），该部分也是策略与互动写作教学的核心组成部分。

策略与互动写作教学的一个重要特征是以听障学生为中心，以听障学生的贡献为基础。在共建文本时，无论听障学生是用正确的英语、手语，抑或是二者的混合语来表达，他们的想法都会得到肯定，并会记录在写作文本中，留作之后讨论。因此这种写作方式可以大大激发听障学生的写作兴趣，并且产出的文本对他们来说也是有特殊意义的。在写作过程中，如果听障学生是用英语或类似英语的方式来表达自己的想法的，那么就可以将这个想法写进作文中；如果听障学生的表达中掺杂了手语特点，或者没有清楚地表达出预期意义，这时教师就要"登场"指导，通过不同的方式引导听障学生用英语准确地表达自己的想法。因此共建写作的最终文本是在听障学生与教师的合作过程中产生的（Dostal & Wolbers，2014；Wolbers et al.，2015）。

在策略与互动写作教学的共建文本过程中，当某位听障学生的表达有歧义或不好理解时，教师就会组织全班学生讨论这位学生所要表达的意思。此时可以将一块黑板分为两个区域，其中一区用来放置听障学生的手语或混合语（手语和英语的混合）表达，另一区用来呈现正确的英语表达。策略与互动写作教学将放置英语和手语或混合语表达的这两个区域称为语言区。通过语言区，每位听障学生都可以以显性的方式清楚地了解预期意义和正确英语表达之间的对照关系。这种语言之间的对照可以有效地帮助听障学生认识手语和英语的表达规则，识别两种表达的共同点和不同点，为之后的独立转换奠定语言基础（Wolbers et al.，2015）。

此外，策略与互动写作教学还开发了多种提示卡，也就是视觉支架，帮助听障学生区分、理解和记忆写作知识以及写作策略。策略与互动写作教学的"指导-独立"部分指的是不同的写作课堂教学模式，最初教师采用指导写作的方式，随着学生写作能力的提高，逐渐过渡为独立写作（Dostal et al.，2019）。平衡性指策略与互动写作教学强调对结构和内容层面的写作教学比重要平衡，不能厚此薄彼（Wolbers，2008；Wolbers et al.，2011）。真实性指策略与互动写作教学将写作活动放在真实的语境中，强调预设的读者和写作的目的，以此来提高听障学生写作的积极性和课堂参与度（Bowers et al.，2019）。

策略与互动写作教学于 2007 年首先被应用于美国 6—8 年级听障学生的写作课堂，经过对 90 位听障学生为期 5 年的多项研究结果均显示，接受过策略与互动写作教学训练的听障学生的写作水平相较于对照组都有了显著提高。2012 年起，策略与互动写作教学被尝试用于美国 3—5 年级听障学生的写作课堂，针对将近 200 名听障学生的多项研究结果表明，实验组听障学生的作文无论是在结构层面还是在内容层面的表达水平都要比对照组听障学生高出将近 5 倍。这些实验研究结果充分说明了策略与互动写作教学在听障学生写作教学方面的重要价值。为了有效地推广这一教学法，策略与互动写作教学项目组分别于每年的暑期和秋季在美国境内举办两次为期一周的教师培训活动，向来自美国各地的听障学生教师介绍策略与互动写作教学的理论内容，指导教学实践，并为参与的教师提供丰富多样的视觉支架和持续的教学指导，以期帮助他们更好地利用策略与互动写作教学提高听障学生的写作能力（Cui，2022）。

3.2　过程与策略写作教学模式的组成部分

本书作者在充分了解教师和听障学生教与学的痛点和难点，通过与美国听障教育专家的深度交流与合作，在充分考虑听障小学生认知特点和汉语特点的基础上，借鉴国外听障学生写作教学主流模式（写作认知策略教学、"早间新闻"、策略与互动写作教学），形成了针对听障小学生的写作教学模式。本书设计的教学模式指的是在写作认知过程和认知策略理论指导下形成的以培养听障小学生写作思维，内化写作过程和写作策略，提高写作能力为目标的教学框架。该框架按照时间维度，将写作认知过程分为写作前、写作中和写作后三个阶段，每个阶段包含两个环节，分别为写作前的构思和组织环节，写作中的起草和转换环节，以及写作后的修改和定稿环节。同时充分发挥听障小学生的视觉优势，从认知策略角度设计教学支架，提示学生每个环节需要加工哪些信息，以及如何加工这些信息。通过设计真实写作情境及写作任务，提高学生的写作兴趣和写作质量。我们将这一教学模式称为过程与策略写作教学（procedural and strategic writing instruction，PASWI）模式（见图 3.3）。

3.2.1　写作前的构思和组织环节

构思和组织是文章动笔前的准备环节，构思是对文章的写作内容进行思考并搜集写作素材，组织是将思考、搜集到的内容或素材按照写作需要进行分类和排列（崔亚冲和傅爱兰，2019）。

3.2.1.1　构思环节的认知策略

帮助听障小学生提高写作能力的首要任务是激发他们的写作兴趣，有感而发才不会逃避写作或无话可写。很多听障小学生在面对写作任务时反映感到生活单调，无内容可写；抓不住事物的特点，写不出事物的特征；虽知道文章要重点突出，但力不从心，写不具体，言不达意。这些都导致听障小学

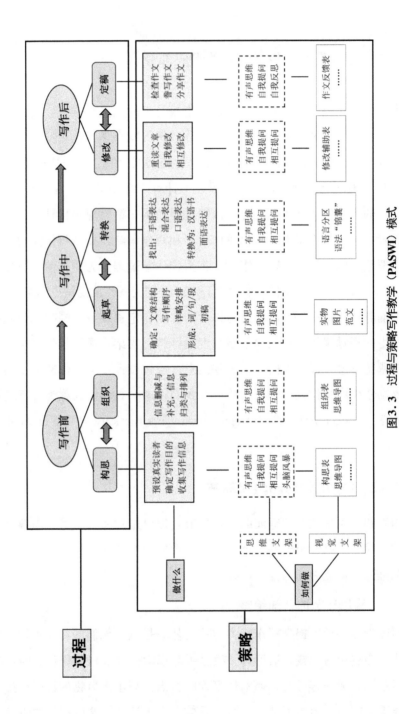

图3.3 过程与策略写作教学（PASWI）模式

生对写作望而生畏、兴趣低落。

另外，我国现行作文题大多只提供有关"话题＋要求"的简单信息，例如"介绍你最喜欢的传统节日"，并没有为学生提供一个真实的写作语境，学生在缺乏语境的命题作文框架下，常常不知自己的写作目的、读者对象，从而让学生丧失内在写作动力。尤其对于生活经验并不丰富的听障小学生来说，面对"虚空"的作文题目，他们更是不知从何下手。据美国全国写作工程和美国全国教育进展评估的研究报告，学生的写作质量与写作任务的真实性之间存在很大关联。写作是不能脱离真实生活的，因此针对听障小学生的每一个写作任务，教师都要将其真实化，具备预设的读者和写作的目的。在构思时，教师引导学生思考文章的读者是谁，写作的目的是什么，并且通过讨论和交流推测读者的已知和未知信息，确定写作内容。这种具备真实语境的写作任务可以帮助听障小学生了解写作目的，认识到写文章并不只是为了完成老师布置的作业，而是被读者需要的，也是对身边的人有用的一种行为。这样一来，写作对学生来说不再是枯燥、被动的练习，而成为一种有意义的主动行为，因此可以大大提高听障小学生的表达欲望和写作积极性，解决了"不想写"的问题。听障小学生在课堂上可以通过发言或倾听的方式，告诉别人自己的经验，并获得同伴的经验，在这些素材的基础上拓展写作思路。

教师可以通过将所想说或打（打手语）出来这种有声思维的方式或者利用构思表（见表 3.1）向学生展示写作前的构思过程。例如，提问"我的这篇作文是写给谁看的？我为什么要写这篇作文？我知道的信息有哪些？还有哪些信息我不清楚？"学生了解了老师的构思过程后，可以以相同的方式来思考，从而确定读者和写作目的。之后通过头脑风暴或小组讨论调动长时记忆中的信息，收集写作素材。

表 3.1　构思表

姓名：_____　　　　　　　日期：_____

　　　　写作话题：_____

预期读者：我这篇作文是写给谁看的？

_____

_____

_____

_____

写作目的：我为什么要写这篇作文？

_____

_____

_____

_____

3.2.1.2　组织环节的认知策略

　　组织是借助图表将听障小学生构思后的信息进行储存、排列和优化，明确哪些内容是文章中可以用的，哪些是不能用的；哪些可以归为一类，哪些需要分开描述；哪些是主要内容，哪些是次要内容；并根据文章需要将筛选好的内容按照一定的逻辑方式进行排列（崔亚冲和傅爱兰，2019）。组织环节的目的是让听障小学生意识到写作要将相互关联的信息进行集中、深入的说明，而不是将无关的一系列知识进行陈述，想到什么说什么。组织环节中教师将带领学生思考"构思环节的哪些信息是相关联的?""为何这些信息之间有关系?""如何给这一类信息命名?""以什么顺序对这些信息进行排列?"等问题。听障小学生可以借助思维导图（见图 3.4）或组织表（见表 3.2）记录认知过程，减轻记忆负荷。思维导图和构思表这些视觉支架充分利用了听障小学生对视觉的依赖，不仅可以将隐性的认知过程外显，帮助他们扩展和理清写作思路，也可以让听障小学生熟悉和适应该环节的认知策略。

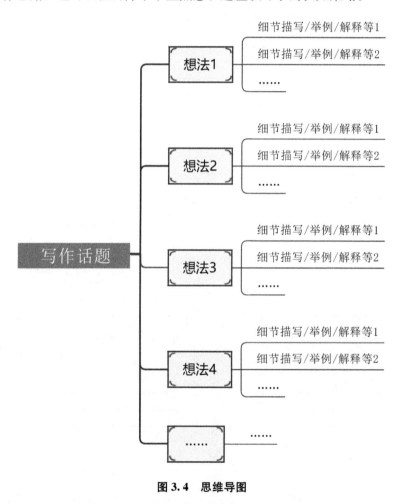

图 3.4　思维导图

表 3.2 组织表

整理我的想法：

1. _____

2. _____

3. _____

4. _____

5. _____

6. _____

7. _____

8. _____

给想法归类：

构思和组织的过程归根结底是一个交流思想的过程。学生可以在一个写作话题下看到几种甚至几十种内容，通过观察同伴的内容，修改或丰富自己的内容。在这种形式下，每个人都可以"外显"自己的思考方式，也可以清楚地"看到"他人的构思过程，师生、生生相互启发，共同推进写作活动的进行，并且在相互讨论和寻求共识的过程中，学生的思考方式和语言表达都在潜移默化中得到了训练和提高（崔亚冲和傅爱兰，2019）。

3.2.2　写作中的起草和转换环节

起草就是将已经构思和组织好的内容从大脑转写到纸张或电脑上，其呈现的结果就是文章的初稿。转换是识别文本中的手语表达式，并将其转换成汉语书面语。这两个环节是写作的中心环节，起草和转换的完成情况在很大程度上决定了文章的写作质量（崔亚冲和傅爱兰，2019）。

3.2.2.1　起草环节的认知策略

这一环节产出的是作文初稿，我们称其为起草。很多研究表明，听障小学生在高中毕业时的写作能力仅相当于健听生小学三四年级的水平，他们的文章在逻辑性和连贯性方面问题较大（Marschark et al.，2002），其主要表现就是过渡句和关联词的缺失（王梓雯等，2018），使得整个文章给人一种前言不搭后语的感觉。根据我们对北京某特殊学校五年级听障小学生写作活动的观察，了解到最后呈现在纸上的文字未必是学生最初想表达的内容，他们通常是想写 A，却不知道用汉语如何表达，想不起来具体的词语或是不知字如何写，只好改成 B，发现还是说不清楚，临时想起一个词语或句子先放在作文里，不成句或不成段也顾不上了，这些问题都是需要在起草环节解决的（崔亚冲和傅爱兰，2019）。

起草虽是将所想变成所写，但并非将大脑中的内容或思维导图全部复刻在纸张上，而是需要将条目或图表用语言详细地描述出来，并且通过添加过渡句和关联词使文章逻辑合理，内容连贯。因此在这个环节，教师可以使用视觉支架首先让学生了解作文的结构（见图 3.5），并指导学生尽可能详细地用文字描述思维导图中的每个条目以及各个条目之间的关系，在表达时插入关联词或过渡句使文章的逻辑更加清晰，同时深入展开每个条目，使文章的内容更加丰富。

该环节需要在开头部分思考"如何引入话题才能更好地达到写作目的？如何吸引读者注意？"。在正文部分将思维导图中的关键词变成句子和段落，并运用关联词和过渡句使得各个类型的信息有效联系在一起，对有用信息进行充分的描写；对不合适或无用信息进行修改或删减。当很多听障小学生经常不知如何选择信息时，教师可以使用有声思维向听障小学生展示自己是如何选择信息的，诸如"这条信息与话题密切相关吗？""这条信息我是否应该多解释一下？""我的读者可能不太了解这个方面的内容。"听障小学生通过听或看教师的有声思维了解该环节的认知活动，明白了应该如何筛选、呈现和扩充自己的想法。

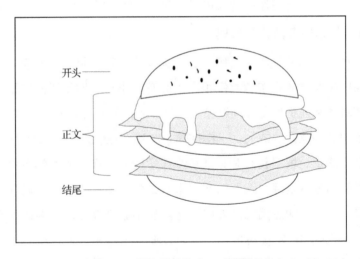

图 3.5　作文的结构——"汉堡包"

在起草环节，学生经常会因为掌握不好写作的内容和方向，而偏离写作的主题，或者由于语法和词汇知识储备不足，而使写作陷入停滞状态。面对这些问题，教师都应设计相应的解决策略，让中断的写作过程重新开始。例如在写作前，教师可以预测写作中会出现的高频词汇和语法结构，提前将这些内容教给学生；在写作课后对出现中断的原因进行分析，将问题进行集中讲解，避免在下次写作中遇到同样的问题。在学生偏离主题时，教师可以向学生提问，或是鼓励他们自我提问，以此来回顾写作的目的，强化读者意识，将学生拉回写作的主题上。

此外，在起草环节，教师需要向学生强调该环节结束后的成果并非最终要提交的作文，也不是一篇完美的作文，所以学生在起草时不必要求过于完美，也不要害怕出现错误。

3.2.2.2　转换环节的认知策略

通过观察听障小学生的写作初稿，我们会发现，他们的书面语中经常会混入很多手语表达（崔亚冲和傅爱兰，2019）。Wolbers 等（2014）分析了听障学生英语书面语中常出现的六种手语表达，分别为对手势的直接翻译、名词重叠表示数量多、中心语在修饰语之前、宾语提前、不使用连词、解释性复句中插入疑问词，并且认为这是影响听障学生表达能力的一个重要因素。特殊学校大约有 90% 的听障学生来自听人家庭（Marschark et al.，2002），这些学生在入学前没有或很少有机会接触手语，同时由于听力损伤，汉语的获得也受到了影响，因此他们的第一语言或多或少地出现了发展迟缓的情况。进入特殊学校之后，听障小学生同时学习汉语和手语，由于手语作为一种视觉语言，摆脱了听觉的限制，他们学习手语的速度要明显快于汉语。很多听障小学生通常会将手语作为主要的交流和思考方式，在进行汉语写作任务时，他们会倾向于先用手语构思，之后再转换成汉语，以致听障学生的书面语中经常会混入很多手语表达（Wolbers et al.，2014）。听障小学生在将大脑中的手语表达用汉语呈现在书面上时，之所以会遇到较大的困难，是因为手语和汉语的语法规则相差较大，词汇无法一一对应（崔亚冲和傅爱兰，2019）。例如在表达"他认真地打扫了厨房"这个语义时，手语的表达顺序可能是"厨房—他—打扫—完"，同时伴随着"打扫"的手势，脸上会露出仔细、认真的表情，那么如何把"仔细、认真的表情"呈现在书面语上呢？应该选用哪个形容词来表示这种表情呢？如果听障小学生不了解手语和汉语的语法规则，没有同时考虑手势和面部表情所表达的内容，就会只把几个手势按照手语表达的顺序翻译成对应的词语放入汉语书面语中，导致两种语言在语义和语法上出现偏差（崔亚冲和傅爱兰，2019）。Wolbers 等（2014）指出当听障学生能够意识到手语和英语是两种不同的语言，有各自的词汇和语法系统，并能有意识地使用不同的表达方式产出时，听障学生的书面语表达能力将会大大提高。

要解决这一问题，就需要进入转换环节，让学生了解手语和汉语的转换规则，认识手语中手势的位置、方向和移动以及面部表情如何在汉语中得到准确的表达。Wolbers 等（2011）对美国听障学生进行了实验分析，结果表明随着学生对美国手语以及英语的表达规则了解得越来越多，书面语表达水平也越来越高。因为当学生掌握了语言的表达规则后，就可以很容易地将两种语言区分开来，并且在产出不同语言时采用不同的规则。

该环节教师可以将黑板分为两个区域，分别放置两种语言，通过相互提问和自我提问的方式确定某一句话是手语还是汉语表达，例如"这个句子是用汉语的语法规则写的吗？""里面是否有手语中的词汇？""我应该如何把手语表达转换成汉语？"等。若某一句话是手语表达，则放入手语展示区，之后教师引导听障小学生将用手语表达的句子转换成汉语书面语，并替换初稿中的内容，例如将"厨房—他—打扫—完"替换为"他认真地打扫了厨房"。

我们以一个具体实例来说明转换环节的教学方法。

在进行"介绍我的学校"话题写作时，一位听障小学生在作文的初稿中写出了"操场是花坛、篮球架、国旗杆"这样的句子。这是一个手语和汉语的混合表达，首先"操场、花坛、篮球架、国旗杆"四个词语都是可以用手语表达的内容，所以该生按照手语的顺序将这些词汇写在书面语中；其次，在进行汉语学习时，大部分学生学会的第一种句式便是表判断的"是"字句，例如"我是XX""他是我哥哥"等，这也是听障小学生最为熟悉的一种句式，因此该生想要表达"花坛、篮球架、国旗杆"这些物品和"操场"的关系时，在没有其他语法储备的前提下，倾向于用自己最为熟悉的汉语句式来表达，就出现了上面的句子。教师在了解了上述"病句"出现的背后原因后，便可以帮助听障小学生将这种混合表达句转换为标准的汉语句子。教师可以在黑板上专门开辟出一块空间，将其分为两个区域，首先在左侧区域写下混合句"操场是花坛、篮球架、国旗杆"，之后告诉学生汉语在表示一个地方时，要用这个地点的名称（即名词）加上方向（上、下、里、外等）来表示具体在这个地点的什么地方。例如我们要表示教室内部的情况，用汉语就要写成"教室里……"。此时学生可能会将这个结构举一反三，写出"操场里"，教师就要明确告诉学生"汉语在介绍'操场'时不用'里、外'这样的方向，我们习惯用'上'。这是因为大部分的操场都是一个开放的空间，没有四周的围墙，因此就没有里、外之分，所有的物品和人都是在地面或草坪上面放着或站着，因此汉语习惯用'操场上'这样的结构。"此时，教师就可以引导学生将"操场是花坛、篮球架、国旗杆"这样的句子转换为"操场上是花坛、篮球架、国旗杆"，并写在右侧区域中。之后教师再向学生介绍汉语在表达"某个地方有什么物品时"要用"地点＋方向＋有＋物品名称"这样的结构，也就是"有"字句，而非"是"字句。比如我们可以说"教室里有课桌和黑板""学校里有老师和学生"，等等，这样举一反三之后，学生自己就会明白应该如何表达"操场"这个句子（"操场上有花坛、篮球架、国旗杆"）。学生掌握了这种句式后，教师就可以将刚刚在右侧区域句子中的"是"修改为"有"，并用转换后的整个句子（"操场上有花坛、篮球架、国旗杆"）替换学生初稿中的相应句子（操场是花坛、篮球架、国旗杆）。此时就完成了一个句子的转换教学。随着这种转换进行得越来越多，在之后的写作中学生就可以通过自我提问的方式找出初稿中的手语或混合表达，并进行转换；久而久之，学生对手语和汉语的语法知识了解得越来越多，初稿中需要进行转换的句子也就越来越少。

　　手语和汉语的转换可在起草环节进行，也可在起草完成后将有问题的句子挑出来，单独进行。教师针对不同语言水平听障学生的转换教学方法可以通过语言区流程图来展示（见图3.6）。

　　另外，在转换环节有时还会遇到将汉语口语转换为汉语书面语的情况，

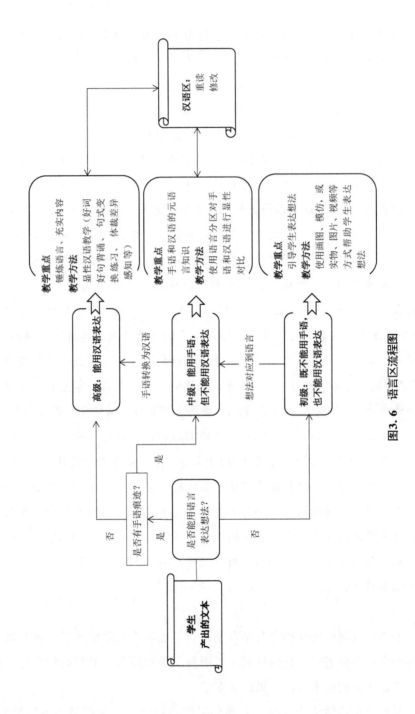

图3.6 语言区流程图

例如一位听障小学生的写作文本中有这样一句话——"我家的猫身上毛毛的"，对于较高水平的写作要求来说，可以把"毛毛的"换成更为书面的表达"毛茸茸的"。不过对于初级写作水平的听障小学生来说，首先是要把句子写通顺，对于口语和书面语的区分可以不必过于严格（崔亚冲和傅爱兰，2019）。

　　转换的目的是让学生了解不同语言的表达规则，帮助学生解决用手语"说"得生动流畅，用汉语却不会写的问题。当学生能够意识到汉语书面语中出现了不该出现的手语表达，并能将其正确修改时，转换的任务就完成了（崔亚冲和傅爱兰，2019）。

3.2.3　写作后的修改和定稿环节

3.2.3.1　修改环节的认知策略

　　听障学生的写作文本在名词和动词的使用频率上与健听生大致相同，但经常遗漏副词、连词以及助词（崔亚冲，2018）；在句子层面，听障学生倾向于使用较短的句子，并且句型变化较少，不完整句子较多（王梓雯等，2018），这些都是使得听障学生的书面语显得单薄和生硬的原因。在修改环节，教师带领学生重读文章，主要检查文章在词汇和语法方面的问题。在这一环节，教师引导学生完善句子结构，变换句子形式，丰富词语的数量，避免同一词语的重复使用，同时鼓励学生畅所欲言，提出修改建议，并详细说明"为何修改"和"如何修改"。

　　对作文的修改包括自我修改和相互修改两种方式。写作认知策略中的自我强化和自我监控主要体现在修改环节，这一元认知过程可以通过有声思维或自我提问的方式来完成。例如自我修改时，听障小学生可以问自己"我完成写作目标了吗？""我的读者能够读懂我的作文吗？""作文的哪些部分还需要修改或者深入描写？"等。相互修改的认知策略与自我修改大致相同，相互修改对听障小学生练习写作的认知策略非常重要。第一，当学生互相分享自己的作文时，预设的读者变成了真实的读者。在这种真实语境下，学生可以真切地感受读者的需要、写作的目的，以及在写作中与读者交流的重要性。

由同伴充当写作的"监督者"，对作文提供重要的反馈信息，帮助作者认识问题所在，强化写作的认知策略，如此反复，读者意识、解决问题的办法以及写作中的一些普适标准就会内化为学生写作思维的一部分，在之后的写作过程中自动出现，进而对写作的各个环节产生指导作用。第二，为了修改同伴的作文，学生需要从作者的角色中抽离出来，把自己放在读者的位置上，从读者的角度对一篇作文进行审视和纠错，而学生在分析他人文章时学到的这些策略也可以用来审视和修改自己的文章，避免在自己的写作中出现别人犯过的错误。第三，在相互修改的过程中，学生不仅给别人提出建议，并且还能得到他人的反馈，这些建议都会内化为学生自己的知识，运用到之后的写作中。同时，在相互评改的过程中，为了清楚明白地表达自己的想法，学生需要不断地调整自己的思维和语言，这也会潜移默化地促进了认知的发展，提高了语言表达的能力。

希洛克（Hillocks，1984）认为当学生参照写作指南或量表来评估或修改作文时，他们的写作能力也会有所提高。因此，该环节教师可以为听障小学生提供作文修改辅助表，方便他们参考（见表3.3）。

3.2.3.2　定稿环节的认知策略

该环节教师需要教给听障小学生一些筛选修改建议和形成终稿的策略，诸如对同伴给出的修改建议进行审视，思考"某条建议是否充分考虑了读者的需求，照其修改后能否更进一步地完成写作目标，实现交流的目的"。完成以上步骤后，听障小学生需要拿出一张干净的纸，对修改后的作文进行誊写，形成终稿，我们称这一环节为定稿。终稿形成后，为了再次强调写作的真实性，加深读者意识，教师可以将终稿张贴在学校或班级的宣传栏上，供师生阅读。或是将其送给特定的读者，得到反馈，以此让听障小学生感受写作的意义，在之后的写作中表现得更加积极。

表 3.3　作文修改辅助表

修改者姓名：_____　　　　修改日期：_____

作文编号：_____　　　　　　写作话题：_____

- 这篇作文有<u>题目</u>吗？

  1. 有　　2. 没有

- 作文题目好（吸引人）吗？

  1. 非常好　　2. 好　　3. 一般　　4. 不好　　5. 非常不好

- 这篇作文有<u>开头部分</u>吗？

  1. 有　　2. 没有

- 开头部分写得精彩吗？有兴趣读下去吗？

  1. 非常精彩　　2. 精彩　　3. 一般　　4. 不精彩　　5. 非常不精彩

- 这篇作文有<u>主体（正文）</u>部分吗？

  1. 有　　2. 没有

- 主体（正文）部分写得好（详细）吗？

  1. 非常好　　2. 好　　3. 一般　　4. 不好　　5. 非常不好

- 这篇作文有<u>结尾部分</u>吗？

  1. 有　　2. 没有

- 结尾部分与开头部分呼应了吗？

  1. <u>呼应</u>　　2. <u>没有呼应</u>

- 结尾部分写得好吗？

  1. 非常好　　2. 好　　3. 一般　　4. 不好　　5. 非常不好

- 这篇作文把内容介绍清楚了吗？

  1. 非常清楚　　2. 清楚　　3. 一般　　4. 不清楚　　5. 非常不清楚

- 你认为这篇作文对读者有帮助吗？（读者读了作文以后能够理解里面写的内容吗?）

  1. 非常有帮助　　2. 有帮助　　3. 一般　　4. 没帮助　　5. 一点帮助也没有

　　这篇作文里有没有写错的句子？如果有，请你用彩色的笔在作文中划出来，并且在这张纸的背面按顺序修改。

听障小学生写作过程中的六个环节是循环往复的。师生可以在进行到第二环节时回到第一环节拓展思路，也可以在完成第五环节后再回到第一或第三环节补充写作内容。师生在共建文本的过程中不断地向前推进（增加新内容）以及向后回顾（修改旧内容），如此往复，这个过程就会内化为一种程序，在需要的时候自动出现。在教学中，教师可以将这六个环节以海报的形式挂在黑板或墙面上，通过视觉刺激的方式帮助听障小学生了解当下教学环节，并且方便教师在循环往复的共建文本过程中向学生指明某一环节。另外，教师还可以为每位听障小学生准备一份纸质版的写作流程，以供学生随时参考，教师可以用六张不同颜色的卡片来表示六个写作的环节，分别对应海报中的六种颜色。因为听障小学生对视觉的依赖较大，采用差别较大的六种颜色可以造成视觉上的冲击，帮助听障小学生区分、理解和记忆。同时，教师可以在每张卡片上列出一些提示性的问题，帮助写作的顺利推进，我们将这种卡片称作提示卡（见图3.7）。

在写作的最初阶段，教师会在写作的过程中占据主导地位，因为教师需要向学生介绍写作的认知和元认知策略，帮助学生构建写作思维，例如告诉学生如何写好一篇作文，在写作文时需要思考哪些问题，写作的步骤是什么，等等。然而，随着学生对写作认知策略的认识越来越深入，写作思维越来越成熟，他们会逐渐在课堂上占据主动地位，例如在构思和组织环节学生会主动使用"有声思维"将所想说或打（打手语）出来，而不仅仅是被动地"听"老师的思维。当课堂的主导权从教师转向学生时，教师要慢慢地将自己"置身事外"，只在必要的时候"登场"为学生提供指导。

构思

- 选择话题【我要写什么？】
- 预设读者【我的文章是写给谁的？】
- 确定写作目的【写这篇文章是为了什么？】
- 罗列已知内容【我对这个话题了解多少？】
- 明确未知内容【我还需要了解什么？】
- 列出参考资源【我可以去哪里了解更多？】

组织

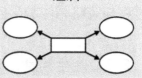

- 选择文章结构【我要使用哪种文章结构？并列/总分/对照/递进】
- 组织文章内容【我要如何对我的观点归类？】
- 排列内容顺序【我要以什么顺序展示观点？】

起草

- 将大脑中的内容投射在纸张上
- 对文章内容进行扩展

转换

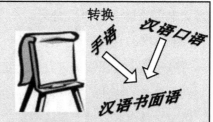

- 识别手语和口语表达【这是手语？汉语口语？手语和汉语的混合？】
- 转换手语和口语表达【如何用汉语书面语表达同样的意思？】

修改

- 重读并检查文章内容和语法【每句话的表述都正确吗？我完成写作目标了吗？文章的可读性强吗？】
- 确定修改内容并进行修改

定稿

- 对文章进行誊写
- 装订

图 3.7　提示卡

3.3 过程与策略写作教学模式的实施方式

3.3.1 师生、生生共建文本

在使用过程与策略写作教学模式的初期，可以采用互动课堂的形式，即师生共建文本。听障小学生有声语言的输入和输出受限，在日常生活中有效的家庭或社会交流较少，生活经验较为缺乏，导致他们在面对写作话题时常常"无话可说"，而共建文本可以集思广益，帮助听障小学生丰富写作素材。共建文本指的是全体师生对同一个写作话题进行构思、组织、写作和修改（Wolbers，2007）。

听障小学生在课堂上可以通过发言/打手语或倾听/观看（手语）的方式，告诉别人自己的想法，并获得同伴的想法。在这些素材的基础上拓展写作思路，组织文章内容，进而形成完整的句子和段落。共建文本的过程归根结底是一个交流思想的过程。听障小学生可以在一个写作话题下看到几种甚至几十种内容，通过观察同伴的内容，修改或丰富自己的内容。在这种形式下每个人都可以"外显"自己的思考方式，也可以清楚地"看到"他人的构思过程，师生、生生相互启发，共同推进写作活动的进行，并且在相互讨论和寻求共识的过程中，听障小学生的思考方式和语言表达都在潜移默化中得到了训练和提高（崔亚冲和傅爱兰，2019）。

写作教学应该关注语言在实际生活中的交际作用，共建文本课堂为听障小学生创建了一个真实、有意义的对话环境，在这个环境中，每位听障小学生都会承担相应的责任，他们需要通过不断地交流才能合作完成一项学习任务。在共建写作中，听障小学生既是问题的提出者，也是问题的解决者。每位听障小学生都会为了完成写作任务贡献自己的力量，并在这个过程中学习新的知识，训练写作思维，提高表达能力。

共建文本，也就是在教师指导下的合作写作，只是在听障小学生写作教学初期的一种课堂模式。随着听障小学生写作能力的提高，课堂模式会逐渐过渡为小组写作、配对写作，甚至独立写作。因此本书提出的过程与策略写作教学课堂发展模式是由指导逐渐过渡到独立的。

3.3.2　对学生进行语言分组

听障学生的语言水平参差不齐，那么，在使用一种写作教学模式的前提下，如何让处于不同语言水平的学生都能在写作课堂上有所收获呢？我们建议通过分组的方式，将不同语言水平的学生分为不同的小组，而共建文本就在组内进行。教师也可根据不同组学生在语言上的问题进行分别指导。

例如，我们将听障小学生的语言表达水平分为三个层次，初级水平的听障小学生指的是既不能用手语也不能用汉语表达自己想法的学生，即语言发展迟缓的学生；中级水平的听障小学生指的是可以用手语但不能用汉语清楚地表达想法的学生；高级水平的听障小学生指的是可以用汉语清晰表达想法的学生。对于处于初级语言水平的听障小学生，教师可以让他们通过画图、模仿等方式更好地阐明自己要表达的内容；对于处于中级水平的听障小学生，教师可以鼓励这些学生用手语表达内容，在转换环节通过语言分区的方式对汉语和手语进行比较，帮助听障小学生用汉语表达手语中的内容；对于高级语言水平的学生，教师只需帮助他们丰富汉语表达的内容即可，可以通过词语锤炼、句式选择、好词好句背诵等方式帮助听障小学生使用更为准确、地道和丰富的词语和句式表达自己的思想。随着教学的进行，听障小学生的语言表达水平也会逐渐由初级发展到高级。

过程与策略写作教学模式的一个重要特征是以听障小学生为中心，关注每位听障小学生在共建文本过程中的贡献。在共建文本时，无论听障小学生是用正确的汉语、手语，抑或是二者的混合语来表达，他们的想法都会得到肯定，并会被记录在写作文本中，留作之后讨论。因此这种写作方式可以大大激发听障小学生的写作兴趣，并且产出的文本对他们来说也是有特殊意义的。在写作过程中，如果听障小学生是用汉语或类似汉语的方式来表达想法的，那么就可以将这个想法写进作文中；如果听障小学生的表达中掺杂了手语特点，或者没有清楚地表达出预期意义，这时教师就要"登场"指导，通过不同的方式引导听障小学生用汉语准确地表达自己的想法。因此共建写作的最终文本是在听障小学生提供想法、教师指导语言的合作过程中产生的。

3.3.3 集中讲授相关知识点

师生在共建文本的过程中，难免会遇到一些语法结构是学生还未掌握的，这时教师如果停下来讲解这个语法结构，就会打断学生的写作思路；如果不讲，又会影响写作教学的顺利进行。这时我们就需要将相关语法知识进行集中讲授，尽量降低听障小学生由于汉语语法知识储备不足对写作造成的限制。这一部分是在维果斯基"最近发展区"理论的指导下诞生的，包括发现、讲解和演练三个环节，通常是对语法知识进行集中讲解，主要致力于扩展听障小学生汉语语法知识储备，并着力于填补现有语法知识水平与可能发展水平之间的落差，提高听障小学生的语言文字使用能力（崔亚冲和傅爱兰，2019）。

教师在布置每堂课的合作写作任务前，需要了解本次任务中哪些表达必用的句式是学生已经掌握了的，哪些是学生还没有接触或尚未掌握的，而对于这些一定会用到但是学生还不了解的语法知识，例如"只有……才……""如果……就……"等复句，教师需要采用一些"急救"措施，在任务进行之前或之后及时讲解，我们将这种与写作相关的语法知识称作语法"锦囊"。针对语法"锦囊"，教师可以根据内容体量的大小，专门抽出一节课的时间，或在进行共建任务之前或之后拿出 10—20 分钟的时间进行讲解。之所以要将这些内容放在任务之前或之后讲解，是因为在师生共建文本时，教师和学生的注意力都放在观点的阐述和展开上，没有过多的时间和精力去讲解和学习新的汉语语法知识。如果过多地关注这些问题，不仅会打断学生的写作思路，也会使得整个教学过程显得分支过多，重点不够突出，因此将这些语法知识单独拿出、集中讲解就显得十分有必要了。

使用语法"锦囊"的第一步是发现学生知识储备中缺少的内容，这需要教师回顾以往的教学内容、学生的课堂表现以及写作文本，了解学生的知识"漏洞"，之后根据学生的知识背景以及目标任务确定语法"锦囊"的内容，对其进行讲解和演练。讲解语法"锦囊"这种教学方式与传统语法教学课堂的区别在于，它将目标知识点与即将或刚刚进行的写作任务紧密结合起来，教师讲解和学生练习时都会用到目标任务中的语境和例证，让学生在学习了一个知识点之后马上就能在实际的写作中运用起来，真正做到"学以致用"，可以有效帮助听障小学生理解、巩固和记忆授课内容（崔亚冲和傅爱兰，2019）。

3.4 本章小结

过程与策略写作教学模式以写作认知过程和认知策略理论为背景，将写作分为前、中、后三个阶段。整个过程包括了构思、组织、起草、转换、修改、定稿六个环节。其中，构思和组织属于写作前阶段，起草和转换属于写作中阶段，修改和定稿属于写作后阶段。每个阶段的每个环节都设计了相应的认知策略，帮助听障小学生学习写作知识，构建写作思维。其中写作前阶段很大程度上决定了写作内容，写作中阶段大致决定了写作质量，写作后阶段决定了作文的外观，三个阶段缺一不可。

过程与策略写作教学模式初期以共建文本的形式进行，不再将知识的传授看作是老师对学生的单向行为，而是一种师生间互助、平等的对话过程，师生在共同建构中互相启发、补充，打造具有生命气息的生成性课堂。听障小学生是写作的主体，教师是写作活动的组织者和引导者。教师事先为学生构建一个真实的日常语境。无论是写作的目的、对象还是内容都不能脱离真实的社会生活，构建真实的日常语境有利于听障小学生利用生活经验写作，帮助听障小学生走出"无话写"的困境，从而大大激发了学生的写作兴趣，解决了传统写作命题"虚、大、空"的弊病。学生可以用手语"讲"故事，用汉语写故事，在两种语言的不断转换中潜移默化地分别了解其语法规则，增加了汉语和手语的元语言知识。另外，通过共建文本，听障学生可以"看到"他人的思考过程，明白如何更好地构思和安排文章内容，掌握如何将手语更好地转换为汉语的方法，写出标准的汉语句子。久而久之，这些"更好"

都会内化为学生自己的知识。随着对写作策略和语言知识的熟悉，听障学生可以逐渐从合作写作发展为独立写作。

听障小学生的写作困境无非表现为三种："不想写""无话写"和"不会写"。过程与策略写作教学模式很好地解决了听障小学生面临的三种困境。该教学模式在构思和定稿环节，通过预设读者和写作目的，创设了真实语境，吸引学生的注意力，提高他们的写作兴趣，解决"不想写"的问题；通过共建文本的形式，解决"无话写"的问题；通过转换和修改环节的语言知识教学，帮助听障小学生掌握不同语言的表达规则，解决"不会写"的问题。

第4章　过程与策略写作教学模式
在听障学校的教学实验

　　为了验证过程与策略写作教学（PASWI）模式的有效性，我们对北京某特殊学校的 13 位五年级听障学生进行了为期一个学期的写作教学实验，分别在教学实验前采集 13 位听障小学生的记叙文、说明文、议论文各 1 篇，共 39 篇；在实验后采集 13 位听障小学生的记叙文、说明文各 1 篇，12 位听障小学生①的议论文各 1 篇，共 38 篇。之后将听障小学生实验前的写作能力与实验后的写作能力进行比较，确定经过过程与策略写作教学模式干预后，听障小学生在写作能力上有所提升。同时我们在实验前向学生发放了基本情况、写作情况、语言感知和阅读情况三种调查问卷，在实验后发放了写作教学课后调查问卷，用来了解听障小学生在写作知识、写作难度感知以及写作动机三个方面的变化。具体实验设计见图 4.1。

　　另外，本教学实验按照语言水平将学生分为三组，第一组为可以用汉语清晰表达的听障小学生，有 3 位，分别为 HJY②、JKK、MSY；第二组为可以用手语但无法用汉语清晰表达想法的听障小学生，有 6 位，分别为 FMH、HYJ、MR、WXP、XZS、ZXK；第三组为既不能用手语也不能用汉语表达想法的听障小学生，有 4 位，分别为 FQS、WMH、WXH、XL。

---

　　① 学生 MR 没有参加实验后的议论文写作。由于实验前后的作文数量必须相同，才能进行对比分析，因此我们也没有将该生实验前的议论文统计在内。

　　② 为了保护实验对象的隐私，本书使用听障小学生姓名的拼音首字母代替其姓名。

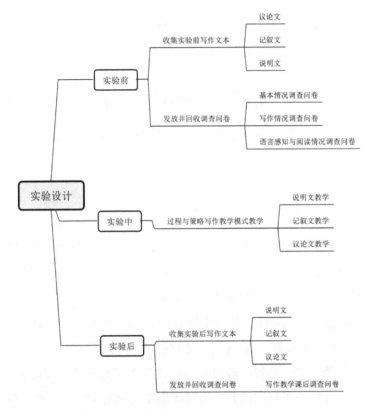

图 4.1 听障小学生写作教学实验设计

我们在教学指导过程中，采用三组分别进行的形式，根据各组的语言需要进行相应的指导。此外，在数据分析时，分别对每组听障小学生写作前和写作后的数据进行对比。

4.1 实验环境和对象

4.1.1 实验环境

北京某特殊学校位于北京市海淀区，是一所涵盖了学前康复、小学、初中、普高和职高等学段的专门针对听障学生的特殊学校，共有 31 个教学班。

五年级学生教学环境如下：教室的前面有两块可移动黑板，其中一块黑板的背后是多媒体屏幕；黑板上面是一面五星红旗；黑板左侧悬挂着一台电视，右侧墙面上挂着一块小黑板，贴着班级课程表和值日表。教室的后墙被分为三个部分，第一部分为"五年级光荣榜"，第二部分是"中小学生守则"，第三部分是节日版块（定期更换），上面贴着学生的绘画作品；右侧墙角处放置了一个课外阅读书的书柜。教室的右侧墙上陈列了 14 个供学生放置书包和衣服的柜子。教室的座位分布为 4×3 的形式，即 4 列 3 行，其中最后一排为 5 张桌子。

4.1.2　实验对象

授课教师为本书作者，听人，实验期间为在读博士生，可以使用手势汉语。实验对象为 13 位北京听障小学生（见表 4.1），7 位女生，6 位男生。他们都属于语前重度听障，从小生活在北京话或汉语普通话的语言环境中，身边的人均为听人，进入学校之后开始学习手语，汉语是他们接触的第一种语言。他们佩戴助听器或人工耳蜗，能够有限地听到和发出声音。在课堂上需要结合听（听老师的声音）、看（看老师的手语）和读（读老师的唇语）三种方式学习。

我们之所以将五年级听障学生作为调查对象，是因为听障学生在 2—6 年级时写作能力发展得最快（Powers & Wilgus，1983），六年级之前听障学生的语言使用正确率以及语法的多样性与年龄成正比，但是在六年级之后这一发展趋势就会出现变化，随着年龄的增加，其语言能力或是发展得很慢，或是停滞不前（Bereiter，1980），成年之后甚至会出现倒退的现象（Yoshinaga-Itano & Downey，1996）。穆塞尔曼和斯赞托（Musselman & Szanto，1998）认为 14—17 岁听障学生之间的写作水平没有太大的差异。范·贝斯特维尔德和范·赫勒（Van Beijsterveldt & Van Hell，2009）也证明了成年之后的大部分听障人群的书面语在语法正确率和多样性方面与同龄的健听人群存在很大的差距。这些都说明听障学生在六年级之后想要提高写作能力将会变得十分困难。因此我们将五年级听障学生作为本书的调查对象，充分利用听障学生写作能力发展的"关键期"。

表 4.1 实验对象具体情况

序号	学生	性别	出生日期	听力受损时间	听力损失（dB）		辅助设备及植入时间	矫正听力（dB）	
					左	右		左	右
1	FQS	男	2005 年 3 月	先天	60	73	无	—	—
2	FMH	男	2006 年 2 月	先天	107	120	助听器，1 岁 人工耳蜗，5 岁	27	27
3	HJY	女	2007 年 12 月	先天	112	108	助听器，2 岁	65	61
4	HYJ	男	2008 年 1 月	先天	100	112	助听器，1 岁	51	66
5	JKK	女	2006 年 8 月	先天	98	100	人工耳蜗，2 岁	52	55
6	MR	男	2007 年 2 月	1 岁半	93	88	助听器，4 岁	62	55
7	MSY	女	2007 年 3 月	先天	—	—	人工耳蜗，2 岁半	—	—
8	WMH	女	2006 年 4 月	先天	115	113	助听器，5 岁	49	37
9	WXH	女	2006 年 2 月	6 个月	—	113	人工耳蜗，2 岁	47	—
10	WXP	女	2008 年 2 月	先天	78	90	人工耳蜗，5 岁	54	77
11	XL	女	2002 年 6 月	先天	113	—	人工耳蜗，7 岁	—	51
12	XZS	男	2006 年 5 月	先天	103	120	人工耳蜗，6 岁	52	39
13	ZXK	男	2006 年 12 月	2 岁	105	—	人工耳蜗，3 岁	62	44

注：表格中的符号"—"表示此项信息缺失。

4.2 实验过程

作者从 2019 年 3 月 20 日至 2019 年 7 月 2 日在北京某特殊学校进行教学实验，每周 3 课时，每节课 40 分钟。本教学实验共 32 课时，1280 分钟。写作教学实验进度及学生出勤情况见表 4.2，详细的写作教学实验进度见附录二，部分教学课件见附录三。

表 4.2 写作教学实验进度及学生出勤情况

日期	课时	课程内容	出勤人数	未到学生
2019-03-20	1	实验前写作：议论文（减少体育课）	13	
2019-03-22	1	实验前写作：说明文（介绍我的学校）	13	

续表

日期	课时	课程内容	出勤人数	未到学生
2019-03-26	0	发放调查问卷	13	
2019-03-27	2	・实验前写作：记叙文（秋游） ・说明文 1：构思	13	
2019-03-29	1	・说明文 1：组织 ・语法"锦囊"	13	
2019-04-02	2	说明文 1：起草、转换	13	
2019-04-03	2	说明文 1：转换、修改、定稿	13	
2019-04-10	2	说明文 2：构思、组织、起草	11	ZXK、JKK
2019-04-17	2	・说明文 2：修改 ・说明文 2：范文展示 ・记叙文：结构分析 ・记叙文：范文展示	12	ZXK
2019-04-23	1	记叙文：构思、组织	13	
2019-04-26	2	记叙文：起草	13	
2019-05-08	2	记叙文：修改	13	
2019-05-22	2	说明文 3：范文展示、独立写作	13	
2019-05-24	1	说明文 3：修改	13	
2019-06-12	2	议论文：范文展示、独立写作	13	
2019-06-14	1	议论文：修改、范文展示	13	
2019-06-19	2	复述视频：词汇、语法讲解；起草	13	
2019-06-21	1	・复述视频：修改 ・总结本学期写作知识 ・发放调查问卷	13	
2019-06-26	2	课堂测验：说明文写作（介绍我的学校）	13	
2019-06-28	1	课堂测验：记叙文写作（春游）	13	
2019-07-02	2	课堂测验：议论文写作（减少体育课）	12	MR

我们以一篇记叙文为例，来展示过程与策略写作教学模式的教学过程。

教师讲述当天的写作话题：昨天我们去了朝阳公园秋游，大家把秋游的过程详细地写下来，让自己的父母了解我们这次秋游活动。

（1）构思环节

预设读者：我们的父母；

写作目的：让父母了解我们的秋游活动；

收集素材：谁？哪儿？何时？何事？

（2）组织环节

开头部分：告诉读者谁在什么时候什么地方做什么事；

主体部分：事件一（时间、地点、人物、事件），

事件二（时间、地点、人物、事件），

事件三（时间、地点、人物、事件），

······

结尾部分：总结整个活动，抒发自己的感想。

（3）起草环节

按照组织环节确定好的结构形成一篇完整的作文。将组织图上的词语连成句子，再将句子连成段落。注意内容的扩展，以及关联词和过渡句的使用。

此环节可按照听障小学生的语言水平分组进行，教师主要关注初级语言水平的学生，对他们进行即时指导，帮助他们清楚地表达自己的想法。

（4）转换环节

转换环节主要针对的是语言水平处于初级和中级的学生，帮助他们将作文中的手语表达转换为标准的汉语表达。

（5）修改环节

重读文章，检查作文的结构是否完整、内容是否丰富、表达是否形象，并对标点符号和错别字进行修改。

修改环节主要针对高级语言水平的听障小学生。这些学生已经可以用汉语表达自己的想法。教师需要帮助他们修改表达方式，丰富表达内容，尽量使作文内容表达得准确、地道。

（6）定稿环节

再次审读作文，注意标点符号以及错别字问题。学生在教师的帮助下将修改完成的作文誊写或打印在新的纸张上，保证外观干净整洁，确保所有的学生人手一份，放学回家后，学生将作文分享给自己的父母，并从父母处得到评价反馈。

我们在正式的教学实验之前，对五年级的一位听障学生 A 进行了先导研究，整个先导研究的过程如下：

2019 年 3 月 26 日我们在北京某特殊学校对过程与策略写作教学模式进行了先导实验。由于条件限制，此次实验我们只对 1 位听障小学生进行了专门的写作辅导，但是在构思阶段有 3 位学生，他们可以帮助该生拓展写作思路。

本次教学实验的对象为北京某特殊学校五年级听障学生 A，听力损失左耳 107 分贝，右耳 120 分贝，属于极重度听障人群。A 在小学一至三年级曾就读于北京某普通学校，三年级结束后转到该特殊学校，但是考虑到学习状况，又重读了三年级。他可以熟练地使用手语与同学交流，也可勉强通过口语与听人交流，但发音欠清晰，通常需要配合手语才能完成沟通。作者在与该生的班主任交流时了解到，A 同学的数学成绩在班里名列前茅，但语文成绩一直不理想，主要问题出现在书面语表达上。

本次实验的写作任务为"介绍我的学校"。在开始之前，我们在黑板上写下今天的写作任务：作为学校的小导游，请你为我讲一讲你的学校。为了写作的真实性，预设的读者是作者本人（崔老师）；写作目的是通过读"你"的文章，让崔老师更加了解这所学校。

在开始写作任务之前，我们先确定了本次写作中的两个语法"锦囊"：一为方位词组，二为存现句。之后我们采用"连线游戏"的方式帮助学生掌握这两种语法结构。

例如我们在第一个语法"锦囊"的左下方竖排写下了几个与学校相关的地点名词，如"教室、操场、校园、宿舍、楼道"，右下方写下几个方位名词，如"上、下、里、外"，之后让学生思考如何正确地把左侧的地点和右侧的方位连在一起。最初 A 将"教室""宿舍"和"楼道"都与"里"连在一起，将"操场"和"校园"与"外"连在一起。之后我们告诉他"校园"还可以与"里"连线，"操场"还可以与"上"连线，他明显对于"操场上"感到困惑。我们及时向他解释"操场"跟其他的词不一样，不能说"操场里"，要用"操场上"，比如说"我们在操场上踢足球""我们在操场上做操"，他点点头表示记住了。

然后我们拿出第二个语法"锦囊"，告诉该生当你要给别人介绍一个地方时，要说"某个地方有什么"。结合第一个语法"锦囊"中的内容，我们在方位名词的右侧写下了"有"，又在"有"的右侧竖排写下了一些物品的名称，例如"课桌、黑板、电脑、床、国旗、画像"，让该生进行连线。确认该生会使用方位词语和存现句之后，我们正式进入写作流程。

我们拿出提前准备好的 6 张不同颜色的纸，每张纸的最上方用不同颜色的水彩笔写着写作的六个环节：构思、组织、起草、转换、修改、定稿。

在构思环节，我们采用师生共建的形式，3 位学生一起寻找写作素材。首先，让学生说一说学校里有什么。他们一边说一边在纸上写，写下的词语有"教学楼、操场、停车场、宿舍、吃堂、书架"。紧接着作者又问：教学楼里有什么？他们又写下了"黑板、黑板报、桌子和椅子、书架、柜子、电脑、讲说台"。之后，作者先后询问了操场和宿舍有什么，他们分别写下了"蓝球杆、爬山虎、红旗杆、讲说台""双人床、桌子、椅子、我们班宿舍四个人下床、书架、卫生间、洗澡"。最后，我们问食堂里有什么好吃的。他们写下了"炒米饭、鸡蛋、馒头、蛋糕、牛奶、酸奶、烧鸡腿"。

在构思时作者发现这 3 位学生对于学校里的一些物品不知如何称呼，例如他们将"食堂、主席台、上下铺、篮球架"分别称为"吃堂、讲说台、双人床、篮球杆"，对于词汇上的问题，我们在发现后及时进行了纠正。

在组织环节，作者和 A 一起将构思环节中的内容进行分类和排列，并由作者画出思维导图。

在起草环节，我们采用独立写作的形式，让 A 同学用文字将思维导图中的内容详细地描述出来。描写过程中，作者会有意识地引导他多写，当他不知如何用文字表达时，作者会问："你想写什么？先试着跟我说一遍。"等他用口语和手语描述完之后，作者会鼓励他将刚才所说的写下来，不用管说得对还是不对，想写什么就写什么。大概 30 分钟之后，A 就完成了初稿。通过对初稿的分析，作者发现，只是进行到写作教学过程的一半，他的书面语表现就已远远超出了实验之前。经过之后的转换、修改和定稿环节，相信他的写作能力还会有一个更大的提升。

通过观察 A 同学的整个写作过程，我们发现他并非无话可写，他可以用口语或手语跟作者讲很多内容，但是落在书面上就比较困难，我们认为主要原因有两个。

一是内容问题。听障小学生不知哪些内容可以写，哪些内容不用写。他觉得写作是一个很严肃的任务，不能将自己平时说的话写上去，也不能写一些不严肃的事情，而当他们跳出这种思维局限时，便可以详细地描述很多细节，根本没有了之前绞尽脑汁的痛苦。因此我们在设计写作教学策略时，一个首要的原则就是要将写作看成一个内容产出的过程，鼓励学生"为自己代言"，这样才可以让学生感受到写作的乐趣，写出真正想写的内容。

二是语言问题，听障小学生对汉语的一些语法结构掌握不熟练，不知如何写出正确的汉语句子。当他把关注点都放在句子是否正确上时，无疑会影响他对内容的思考，以及对写作的兴趣。因为这个时候他会觉得，写作文是一个枯燥、艰难的任务，在被动的情况下写出来的内容就很可能不是他真正想表达和能表达的内容了。作者在写作前给他讲了两个语法"锦囊"之后，明显感觉到他在描写环节进行得相对顺利了一些。当他偶尔遇到几个不太会表达的句子或结构时，作者会引导他试着表达，有时作者还没有引导完，他就会想到自己之前学过的句式。例如，在描述食堂有什么饭时，他说可以使用排比句"有的……有的……还有的……"。虽然此处我们是想让他使用"有……有……还有……"，但是在这个引导的过程中能让学生回想起之前学过的句式，并了解两个句式之间的区别，这是学习汉语语法知识的一个很好的契机。

4.3　数据收集

过程与策略写作教学模式教学实验收集的数据包括听障小学生的写作文本、调查问卷、访谈和观察数据。其中写作文本是定量数据，用于研究听障小学生在接受过程与策略写作教学模式干预后在语言结构层面（简称"结构层面"）和内容表达层面（简称"内容层面"）的变化。调查问卷、访谈和观察是定性数据，用于研究听障小学生在接受过程与策略写作教学模式干预后在写作感知层面的变化。

4.3.1　写作任务

过程与策略写作教学实验收集了听障小学生在教学干预前和干预后的记叙文、说明文和议论文写作文本。写作任务如下：

记叙文：之前学校组织大家去春游/秋游，但是崔老师没有参加，崔老师很想知道你们春游/秋游都做了什么，请写一写你的春游/秋游经历，让崔老师了解你的故事。

说明文：今天你是学校的小导游，请你给新来的老师介绍一下你的学校吧。

议论文：学校希望减少学生上体育课的时间，你同意吗？请你写出自己的观点并说明原因。

4.3.2　调查问卷

本研究涉及 4 个调查问卷。问卷 1 为个人基本情况调查，共 34 个问题，涉及听障小学生的个人资料（8 个题目）、家庭情况（10 个题目）、语言使用状况（16 个题目）。问卷 2 为语言感知和阅读情况调查，共 8 个题目，主要涉及听障小学生对手语和汉语水平的自我感知，以及课外阅读的环境、频率和兴趣。问卷 3 为听障小学生实验前写作情况调查，共 8 个题目，主要是对写作的元认知、难度感知和写作动机的考察。问卷 4 为实验后写作情况调查，包括 11 个问题，涉及听障小学生对写作课的评价、写作知识、难度感知和写作动机等几个方面。前三个调查问卷在教学实验前进行，第四个调查问卷在教学实验后进行，其中问卷 2 和问卷 4 为本次调查的重点。调查问卷中涉及的观念、兴趣、想法等态度题，选项均采用李克特 5 个等级的划分方法。调查问卷全覆盖，所有学生的问卷都经过了教师、父母或作者的讲解，保证每位学生都在理解问题后作答，问卷有效率为 100％。

4.3.3　访谈提纲

访谈均为半结构式，在教学实验过程中以及实验后进行。访谈提纲主要依据听障小学生对调查问卷中开放式问题的回答总结归类得出，并针对问卷未涉及或学生没有清楚回答的方面进一步询问。访谈由作者和听障小学生一对一进行，对不同语言和写作水平的学生均进行了访谈。该访谈提纲主要包括学生对写作的认识，以及对写作教学课的评价两个方面，共 5 个问题：

①在写作时遇到的最大困难是什么？

②老师都讲了哪些写作方法？

③你觉得写作课对你有什么帮助？

④上完写作课后，你在写作中最大的变化是什么？

⑤你喜欢自己一个人写作文，还是分组写作文？

此外，我们还收集了观察数据。观察的时间分别为 2017 年 10 月至 2018 年 1 月和 2019 年 3 月至 7 月，作者平均每周三次到听障小学生教室辅导作业，上写作课，听语文课，并记录辅导、上课和听课的感受和心得。

4.4　数据分析

收集到教学实验的数据后，我们需要对数据进行分析。在分析阶段我们依然采用定量和定性相结合的分析方式。在定量方面主要分析：①听障小学生的作文（书面语）在结构层面的表现，即听障小学生语言结构层面的写作能力；②听障小学生的作文在内容层面的表现，即听障小学生内容表达层面的写作能力。在定性分析方面，我们主要关注听障小学生在写作感知层面的能力变化，主要包括对写作知识的掌握、对写作难度的感知和写作动机的变化三个方面。

4.4.1　结构层面分析

关于听障学生书面语结构层面的表达能力的研究，国内至今还处于描述阶段，尚未形成一套完整的分析方法。已有研究大都致力于对书面语中出现的问题进行归类，并统计每类问题出现的数量，而且所归类别大多比较零散，类别之间缺乏连续性，类别内部缺少同质性（王姣艳，2004；刘德华，2002；邵伟和张伟萍，2013；王梓雯等，2018）。

国外已有的分析方法大都针对的是外国听障学生的英语书面语，而汉语和英语由于语言结构不同，其分析方法自然也不能一概而论。汉语和英语属于两种不同的语言类型。汉语作为一种分析型语言，没有形态变化，其句法结构主要受到语用的驱动（Huang，2014）。英语作为一种综合型语言，主要通过词形变化来表达各种语法范畴。两种语言判断句子是否合法的标准并不相同。因此我们在参考国外分析框架时，不能机械照搬，要针对汉语的特点，设计出适合中国听障小学生汉语书面语结构层面能力的分析工具。我们将这一工具称作汉语书面语结构分析（structural analysis of written Chinese，SAWC，简称汉语结构分析）[①]。

4.4.1.1　汉语结构分析工具的理论来源

怀特（White，1997）提出了针对听障学生英语书面语结构分析的一套工具——英语书面语结构分析（structural analysis of written language，SAWL）工具（见表4.3）。该工具将"T单位"（T-unit，minimal terminable unit）作为分析单位，对听障学生的书面语进行切分。White（1997）将听障学生的书面语分析单位

---

① 本章所用作文皆为作者于2017年9月1日—2017年12月20日收集的本书研究对象所写作文，包括看图作文（以下分别简称"看一"和"看二"）以及命题作文（《介绍我的学校》《我最喜欢的节日》《一次有意义的读书活动》《十年之后的我》《观看皮影戏活动》《梨子的故事》，以下分别简称《学校》《节日》《读书》《十年》《皮影》《梨子》），共69篇。

表 4.3　英语书面语结构分析工具①

版权所有：Alfred H. White, 1997

姓名：_____　年龄：_____　生日：_____　性别：_____　种族：_____

学校：_____　数据收集时间：_____　样本大小＝T-unit数量＝_____

分析结果

	T-units/100	平均词数量/T-u	平均语素数量/T-u	复杂指数	词语有效率	未分析词语的比例（以下为未分析词串的比例）
层面 I（完整 T-units）						
层面 I & II（完整跟踪）						
层面 I, II & III（所有词语）						

Key of Symbols: WS=词串；TU=T-unit；D=无效；IC=独立小句；DC=附属小句；P=完整；F=跟踪；PW=有效词语，PM=有效语素；PWQ=跟踪T-unit中的有效词语；PWNQ=词串中的有效词语。

WS	完整T-units，跟踪T-units以及词串	T-Units 以及T-units中的小句			完整T-units中的数量		跟踪T-units和词串中的词语以及语素数量				Dump
		TU	IC	DC	PW	PM	PWQ	FWQ	PMQ	PWNQ	
1											
2											
3											
4											
5											
6											
7											
8											
9											
……											
合计											
A	B	C	D	E	F	G	H	I	J	K	

此行用来标记列的标签：C-A, C-B等

① 表格为原始表格的中文翻译版（本书作者翻译），原表格见附录四。

分为三种类型：完整 T 单位（perfect T-unit，简称 PT）、瑕疵 T 单位（flawed T-unit，简称 FT），以及非句词串（non-qualifiedwordstrings，简称 NQ）。

T 单位指的是一个主句（独立句）及其所有的附属从句（非独立句），此概念最早由亨特（Hunt，1965）提出。他将 T 单位作为普通学生英语书面语的分析单位。他将 T 单位描述如下：

"如上所述，1—6 中的几个例句①，有一些例句只包含了一个单句（例如 3、4、6），也就是一个主句，这些句子类似一个简单句；还有一些类似复杂句的多从句（例如1、2、5）。事实上，第二个例句是很复杂的，因为它的主句中包含了一个名词性从句，而在这个名词性从句中又包含了一个由 if 引导的条件状语从句和定语从句。但是 1—6 中没有一个例句是复合句，因为复合句必须被切分成两个或多个句子，使得每个句子中都只包含一个主句。"②

简单来说，Hunt（1965）所说的 T 单位指的就是一个主句（独立句）及其所有的附属从句（非独立句）。在对这种分析单位进行命名时，Hunt（1965）又说道：

"我们需要给1—6这些单位命名，简单来说，我们可以称之为'最小句子'（minimal sentences）。然而，'句子'这个词语已经被赋予了很多不同的意义，容易给读者造成误解，因此我们最好使用一个新的词语来命名这个单

---

① 例句 1：I like the movie we saw about Moby Dick, the white whale.
例句 2：The captain said if you can kill the white whale, Moby Dick, I will give this gold to the one that can do it.
例句 3：And it is worth sixteen dollars.
例句 4：They tried and tried.
例句 5：But while they were trying they killed a whale and used the oil for the lamps.
例句 6：They almost caught the white whale.
② 本书将"complex sentence"翻译成复杂句，将"compound sentence"翻译成复合句。复杂句与复合句的区别就在于复杂句只有一个主句，也可以包含多个从句；而复合句则包含了两个或两个以上的主句。

位。或许我们可以称之为'最小的可成句单位',因为在长度上它是最短的,不能再切分的;在语法上它是一个合法的句子,包含了大写的首字母以及句号。为了方便,我们将'最小的可成句单位'简称为'T 单位'。"

Hunt(1965)还证明了将 T 单位作为英语书面语分析单位的有效性。通过实验分析,他发现随着写作者英语表达水平的提高,其在一定词数内的 T 单位数量、每个 T 单位中的词语数量以及每个 T 单位中的从句数量也越来越多。这个实验在一定程度上说明 T 单位可以作为分析英语写作能力的有效指标之一。此后国外的很多学者将 T 单位运用到英语二语教学以及听障学生的英语写作研究中(如:White,1997、2007;Wolbers,2008;Wolbers et al.,2011、2014、2018;Bowers et al.,2018),这些研究都认为随着学生写作水平的提高,其 T 单位在各个方面的表现也有所变化,这些后续研究进一步证明了 T 单位在分析书面语语言结构上的有效性。

在统计内容上,英语书面语结构分析工具只统计书面语中的前 100 个词语的使用情况,首先对每个单位进行分析,内容包括:(1)单位类型(完整句、瑕疵句还是非句);(2)每个 T 单位中的独立句和附属从句的数量;(3)完整句中的词语数量和语素数量;(4)瑕疵句中的正确词语数量、正确语素数量,以及错误词语数量;(5)非句中的正确词语数量;(6)不属于完整句、瑕疵句和非句的词语数量。对书面语中的每个单位内的具体结构进行统计之后,英语书面语结构分析工具将整个文本的统计结果分为三个层面展示:第一层面(Level-I)为完整句;第二层面(Level-II)为完整句和瑕疵句之和;第三层面(Level-III)为完整句、瑕疵句和非句之和。每个层面需要展示的统计内容是一样的,包括:①前 100 个词语中的 T 单位比例,②T 单位的平均词语数量,③T 单位的平均语素数量,④句子的复杂度,即独立句和附属从句之和除以 T 单位的数量,⑤正确词语的使用率,即正确词语的数量除以词语总量。

英语书面语结构分析工具是专门为听障学生的教师设计的一种测量学生英语书面语结构层面的工具。它包括对不同类型的 T 单位以及对每种 T 单位中有效词语和语素数量的统计,通过数值展现学生的写作水平,使其写作能力变得可视。英语书面语结构分析工具不仅可以用于比较不同学生的写作水平，也可展示同一学生在不同阶段的写作能力。教师可以此为参照，对自己的教学方法进行评估。英语书面语结构分析工具为之后一些研究听障学生书面语的美国学者所采用，它也是评价策略与互动写作教学的有效工具。

其实，White（2007）在设计英语书面语结构分析工具时，包含了两个部分的内容（见附录四）：第一部分即上述内容，也就是表4.3所展示的内容；第二部分是一张用于分析听障学生对不同句型使用情况的表格，如双宾语句等。但由于第二部分我们至今还未见到有关的分析文献，并且不属于本书关注的内容，因此暂不赘述。

4.4.1.2 汉语结构分析工具的分析单位

国内以往关于听障学生写作能力的分析单位，主要包括以下两种：

（1）以某一种类型的句子为分析对象，例如张帆和李德高（2017），王玉玲（2017），卢雪飞等（2018）分别以"是……的"句、形容词谓语句、"连……也"句为分析对象。

（2）没有明确说明，但默认以句子为分析单位，例如王娇艳（2004），梁丹丹和王玉珍（2007），邵伟和张伟平（2013）。

本书要分析的是听障小学生的书面语在结构层面的整体表现，这就需要关注其书面语中出现的所有句子，不能仅以某一句型为分析对象。但若以句子为分析单位，则会陷入困境，主要原因有三个。

首先，如果以句子为分析单位，先要确定句子是什么。黄伯荣和廖序东《现代汉语》（增订3版）认为"句子是具有一个句调、能够表达一个相对完整的意思的语言单位"（黄伯荣和廖序东，2002）[4]。周一民《现代汉语》（第3版）认为"句子是由词和词组构成，能表达一个相对完整的意思，具有一定的语调，前后都有较大停顿的语言单位"（周一民，2010）[269]。这两种关于句子的定义都是从口语的角度来判定的，将其套用在书面语上，"句调"和"停顿"大都需要通过标点符号来确定。一般我们将句号看作是句子的标志，对于标准的书面语来说，这个判定标准无疑是客观的、可操作的。

　　然而如果将其作为听障学生书面语句子的判定标准，很多研究者在实际操作时会发现这个标准很不客观。因为根据我们对语料的观察，很多听障小学生在进行书面语写作时经常不使用或者误用标点符号。一般认为写的句子越长，听障小学生的写作水平越高。如果我们将听障小学生的"句子"当作分析单位的话，那么很多听障小学生的"句子"要比标准书面语的句子长很多，例如：

　　"我叫 MR，10 年之后我住在北京市大兴 qū 西红门理想城七期二号一单元 404。10 年之后我和爸爸妈妈奶奶家里一共有 4 口人。10 年之后我住房子很大一共有 6 个房间，每个房间做睡觉、cú 房。房子的外面有三轮车小黄车 ofo 还有一辆是单车。家里有动物是爱龟，他长着长长的 pó 子，大大身子，短短的尾，还有长长 tuǐ。10 年之后我在做读书，我在家里读书，我学习画画，因为美术老师教我画画所以我学习画画。工作，在固安工作，做柜子、马桶、小床、大床……，因为固安是 18 楼，是为了爸爸和我、妈妈一起工作。"（MR 作文：《十年》）

　　我选了拆弹专家、相信村长、交通规则、美食大派送、馋嘴的跑车、女王驾到、麒麟现身、迷之火系精灵、最顽强少年、手足反目、值得尊敬的对手、巨人的威胁、潜入希斯集团、冰冻校园、异次元大战、潜几海盗能源站、虎口掠食、惊天大阴谋、熔岩冲浪、海盗来了、大闹巨石阵、斗神的羁绊、吵闹的邻居、花心主编、谁代替了伽罗、藏獒来福、间谍疑云、水火之战、混战三大部落、王族的精神、拯救生命之光、克隆的太阳、被捕的盗贼、重返侏罗纪、迷失的幻境、黑暗隧道、纪元大混战、再会大魔王、消失的文字、激战秦始皇、字帖保卫战、大牌的背叛、小黑怪的阴谋、四不像书法。（XZS 作文：《读书》）

　　这两位学生在很多需要用标点符号的地方没有使用标点符号，或者在一个句子中包含了一长串的名词短语。这种情况在其他听障小学生的书面语中也大量存在，说明听障小学生对标点符号以及汉语句子表达规则的掌握并不熟练，因此我们不能根据他们的标点符号来确定句子的边界。

其次，为了避免上述问题，很多研究者会根据自己的语感来判定听障学生书面语中的句子，在他们觉得应该加标点的地方加上合适的标点符号。这样虽然找到了合适的句子单位，但是这一做法无疑会让语料的真实性和客观性大打折扣。因为不同的研究者对同一篇文本的句读情况可能不完全相同，每个人都根据自己的语感来判定句子，就会很容易出现不一致的分析结果，没有办法全面客观地呈现听障小学生的书面语表达情况。

再次，即便是标准书面语，有时一个句子中也会包含两种或多种结构，如果我们以整个句子为单位就不容易分析其内部几个结构的使用情况。另外在分析句子正确率或者词语和句子成分的使用情况时也会出现问题。听障小学生的句子内部结构则更为复杂，那么分析结果出现偏差的概率也就更大，例如：

"扫地做是地上好多灰同学就把扫地扫干净，换水做是水非常脏了就拿脸盆去换水冲干净。"（FMH 作文：《节日》）

"（羊不听话）叔叔拿绳子绑起来了走。"（FMH 作文：《梨子》）

结合以上例子，无论我们是以听障小学生书面语中所用标点来确定分析单位，或者根据研究者自身的语感来划分句子边界，都暴露了听障小学生书面语句子划分标准的主观性和不可操作性。另外，即使我们能客观判定句子的划分标准，以句子为分析单位也会让我们漏掉很多重要的信息，或使分析结果出现一定的偏差，因此我们认为句子并不适合作为听障小学生书面语结构层面的分析单位。

考虑到我们的研究目标，以上两种国内已有的分析单位都不适用于本书的分析，我们需要寻找更合适的分析单位。

英语书面语结构分析工具将 T 单位作为分析单位，T 单位原本的意思是最小的可成句单位，Hunt（1965）按照英语语法结构的特点，将英语中的 T 单位定义为一个主句及其所有的附属从句。但由于汉语与英语的句法结构不同，我们不能完全照搬 Hunt（1965）对 T 单位的定义，需要结合汉语的实际情况以及听障小学生的写作情况进行调整。

为了实际操作的方便，我们使用层次分析法来确定汉语中的 T 单位，如果句子的第一层只能划分出一个独立的结构①，那么这个句子就是一个 T 单位。例如，"十年后，我住在城市里。"这个句子中的"十年后"是全句的时间状语，不算作一个独立的结构，"我住在城市里"第一层只能划分出一个主谓结构，因此它是一个 T 单位。比如"他长着长长的 pó 子，大大身子，短短的尾，还有长长 tuǐ。"这个句子虽然相较于上个例句要长，并且中间还插入了标点符号，但在层次分析时第一层也只能划分出一个主谓宾结构，"长长的 pó 子，大大身子，短短的尾，还有长长 tuǐ"都是"长着"的宾语。

也就是说，句子的第一层能划分出几个独立的结构，就是几个 T 单位，无关乎句子的长短以及标点符号。复合句算作两个或多个 T 单位，例如"因为美术老师教我画画所以我学习画画"，这个复句中包含两个 T 单位：①因为美术老师教我画画，②所以我学习画画。

如果将 T 单位作为听障小学生书面语的分析单位，不仅可以照顾到文本中不同类型的句子，也避免了汉语中因对"句子"这一概念的不确定性而造成的尴尬局面，同时，也可以将每个结构都单独拿出来进行分析，而不会遗漏对句内镶嵌结构使用情况的统计。基于以上考虑，我们将 T 单位作为听障小学生汉语书面语结构层面表达能力的分析单位，为了方便，我们将 T 单位称为"句子"，只是本书的"句子"都指的是最小的可成句单位。

我们所分析的听障小学生的书面语与其他文本存在较大的不同，主要是听障小学生书面语中存在大量的不成句单位。由于 T 单位是最小的可成句单位，那么它一定是合法的句子，因此相应地，这些不成句单位就是非句，其与句子的区别就在于是否成句。完全正确、不包含任何语法问题的句子，我们称作完整句；带有一些语法上的问题的句子，我们称作瑕疵句。

至此，我们可以将听障小学生书面语的分析单位划分为三种类型：完整

---

① 整个句子的插入语、时间状语、地点状语等不算作独立的结构。

句、瑕疵句和非句。每类单位的具体判断标准如下。

1）完整句

完整句指不包含任何语法问题的句子，具体表现为以下几个方面①。

（1）词语使用正确，没有缺失、赘余和误用的情况（包括实词和虚词）。

（2）句子成分搭配合理，包括主谓、动宾、主宾、述补、定中、状中搭配合理。

（3）多个句子成分语序正确。

（4）句子成分使用正确，没有缺失和赘余的情况。通常由于语篇连贯性和简洁性的要求，需要在某些地方省略主语，但是读者可以根据上下文明确其所指，这种情况下的主语省略不算成分缺失。

（5）能够明确表达预期意义。

2）瑕疵句

瑕疵句指包含语法问题的句子。

（1）句子的必要成分［主语、谓语、宾语（及物句中）］必须出现，即根据上下文在主语、谓语和宾语都不能省略的情况下，如果缺失了这些成分，就不能被判断为瑕疵句，应该被判断为非句。

（2）多个形容词语序问题：在多个形容词同时修饰一个名词时，若几个形容词之间的语序有问题，但并不影响对句子的理解，例如将"她买了一个红色（的）小帽子"写成了"她买了一个小（的）红色帽子"，则该句被判断为瑕疵句。

（3）结构助词"的"或"地"缺失：形容词修饰名词或副词修饰动词时，如果两个成分之间缺失了结构助词"的"或"地"，但并不影响对整个句子的理解，这类句子也都被判断为瑕疵句。例如将"同学们度过了快乐的十分钟"写成了"同学们度过了快乐十分钟"，将"我拿了 WMH 的作业"写成了"我拿了 WMH 作业"，将"他飞快地跑了"写成了"他飞快跑了"。

（4）形容词或副词缺失：形容词或副词作为句子的非必要成分时，如果

---

① 在判断完整句、瑕疵句和非句时不考虑标点符号、拼音和错别字等问题。

在不影响句义理解的情况下出现缺失，则将该句判断为瑕疵句。例如将"每个教室里都有很多学生"写成了"每个教室里都有多学生"，或将"同学们玩得很/非常开心"写成了"同学们玩得开心"。

（5）动态助词"了"缺失：如果处于句中或句末的动态助词"了"缺失了，但是句子整体意思基本没有发生改变，则该句被判断为瑕疵句。例如将"我不小心推了 WMH"写成了"我不小心推 WMH"，或将"操场上花开了"写成了"操场上花开"。

（6）连词缺失：多个名词或形容词并列使用时，如果缺失了"和、或、以及"等连词，但不影响对句义的理解，并且句子的其他部分没有问题，则该句为瑕疵句。

需要注意的是，瑕疵句只能在句首或句末出现赘余成分，在句中不能出现赘余的词语或成分，否则为非句。

3）非句

非句指的是不成句的单位。

（1）句子的必要成分缺失，主要指不能省略的主语、谓语或宾语的缺失。例如"十年之后我和爸爸妈妈奶奶"缺失了整个述语部分，将"每间教室里都有人在写作业"写成了"每间教室都有写作业"。

（2）句子中间有赘余成分，即使不影响对句子的理解，也是非句。例如将"十年之后我在读书"写成了"十年之后我在做读书"，将"我们回家"写成了"我们去回家"。

（3）句子意义不明确。例如"每个房间做睡觉、厨房""是为了爸爸和我、妈妈一起工作"。

（4）无意义的词语堆砌。例如"崔老师着好生日节我帮忙我给吃饭"。

根据以上判断标准，我们可以将 MR 同学的作文《十年》进行切分。

①我叫 MR，

②10 年之后我住在北京市大兴 qū 西红门理想城七期二号一单元 404。

③10 年之后我和爸爸妈妈奶奶

④家里一共有 4 口人。

⑤10 年之后我住房子很大

⑥一共有 6 个房间，

⑦每个房间做睡觉、cú 房。

⑧房子的外面有三轮车小黄车 ofo

⑨还有一辆是单车。

⑩家里有动物

⑪是爱龟，

⑫他长着长长的 pó 子，大大身子，短短的尾，还有长长 tuǐ。

⑬10 年之后我在做读书，

⑭我在家里读书，

⑮我学习画画，

⑯因为美术老师教我学画画

⑰所以我学习画画。

⑱工作，在固安工作，

⑲做柜子、马桶、小床、大床……，

⑳因为固安是 18 楼，

㉑是为了爸爸和我、妈妈一起工作。

　　按照我们上文确定的句子划分方法，该作文中有 7 个完整句，分别为①②④⑥⑩⑭⑰。4 个瑕疵句，分别为⑤⑧⑫⑮，其中⑤和⑫属于结构助词"的"缺失，正确表达应是"10 年之后我住的房子很大"，"他长着长长的 pó 子，大大的身子，短短的尾，还有长长的 tuǐ"。⑧属于连词"和"缺失，应为"房子的外面有三轮车和小黄车 ofo"。⑮属于动态助词"了"缺失，完整的句子应为"我学习了画画"或"我学习画画了"。作文中还有 10 个非句，分别为③⑦⑨⑪⑬⑯⑱⑲⑳㉑，其中③⑱⑲是必要成分的缺失。③缺失述语部分，⑱和⑲缺失主语。⑨⑬⑯属于句子中间有赘余成分。⑨"是"赘余，⑬"做"赘余，⑯"学"赘余。⑦⑪⑳㉑句子意义不明确。

4.4.1.3　汉语结构分析工具的分析内容

在分析内容方面，我们主要借鉴 White（1997）英语书面语结构分析工具中的分析内容，并结合汉语书面语的实际情况进行调整。

由于汉语和英语的差别较大，英语书面语结构分析工具中关于英语的很多重要的分析内容，在汉语中可能并不重要，例如英语书面语结构分析工具中多项内容都涉及附属从句的统计。因为英语作为一种屈折型语言，语法规则相对较为严格，附属从句需要有先行词来引导。通常也认为所写句子越长，从句越多，写作者的表达水平越高。而汉语作为一种语用驱动型语言（Huang，2014），英语中要用一个主句和几个从句表达的内容，汉语一般会拆成几个主句来表达。例如，

英语：This is my grandma who gave me all of her love in my childhood which made me very happy.

汉语：在我的童年时期，外婆给予了我所有的爱，让我过得非常幸福。

我们看到，英语中一个句子表达的内容，汉语要分成三个小句来表示。汉语的句子通常要比英语短，对汉语来说并不是从句越多，表达水平越高，因此我们在设计汉语结构分析工具的分析内容时，并没有将从句考虑在内。

另外，英语书面语结构分析工具还包括了对语素的统计，而这一内容对汉语同样不适用。这是因为英语使用分词连写，且词语和语素界限较为清晰，容易统计，而汉语不使用分词连写，词和语素的界限通常较为模糊，不易分开统计。例如"读书"既可以是一个词，也可以是两个词，因为"读"和"书"都是自由语素，可以单独使用，也可以组合成一个词。为了操作上的方便，本书中我们将自由语素看作一个词，这样一来，就不再需要单独统计语素的数量了，因此汉语结构分析也不包括与语素有关的内容。

汉语结构分析包括对每个句子（完整句、瑕疵句和非句）数量和占比的分析，以及对每种句子中的平均词语数量和词语有效使用率的分析。

为了确保分析的全面性，我们将汉语结构分析工具的分析分为三个平面（见表 4.4）。

平面一：分析听障小学生书面语中所有完整句的情况。

平面二：分析听障小学生书面语中所有完整句和瑕疵句的情况。

平面三：分析听障小学生书面语中的所有内容，包括完整句、瑕疵句和非句单位。

表 4.4　汉语结构分析工具的三个分析平面

平面	内容
平面一	完整句
平面二	完整句＋瑕疵句
平面三	完整句＋瑕疵句＋非句

确定了分析平面之后，我们从每个平面入手开始逐项分析。三个平面都需要分析的内容包括平面内各种句子的数量，以及各种类型句子内词语的数量。其中在句子层面，我们主要考察的是不同类型句子的数量和所占比例；在词语层面，我们关注有效词语的数量和占总数的比例。

1）句子层面

在句子层面上，我们需要分析四项内容：

①句子的总体数量，即完整句、瑕疵句和非句的数量总和；

②每种句子的数量，即完整句、瑕疵句和非句的数量；

③三种句子分别占总体句子[1]数量的比例，即完整句数量/句子总体数量，瑕疵句数量/句子总体数量，非句数量/句子总体数量；

④平面二中句子数量占总体句子数量的比例，即（完整句数量＋瑕疵句数量）/句子总体数量。

每类句子的数量及其所占比例可以在整体上反映每位听障小学生每个文本在结构层面的表达水平。

---

[1]　为了表述上的方便，本书将完整句、瑕疵句和非句统称为句子。

例如，MR 同学作文《十年》中分析单位的数量情况如表 4.5 所示。MR
《十年》中完整句的比例为 33％，非句的比例为 48％，非句的数量将近占了
所有句子数量的一半，说明 MR 同学汉语书面语的有效句子使用率不高，将
近一半的句子都为无效句。

表 4.5　MR《十年》句子层面的结构分析

句子类型	数量	使用率（％）	平面	句子数量	使用率（％）
完整句	7	33	平面一	7	33
瑕疵句	4	19	平面二	11	52
非句	10	48	平面三	21	100

2）词语层面

一般认为句子的长度越长，写作者的表达水平越高，因为较长的句子中
通常包含的内容较丰富，内部结构也较复杂。毋庸置疑，句子越长，其中包
含的词语数量也就越多，因此通过观察听障学生书面语中每个句子中的词语
数量，我们也可以大致得知该生的表达水平。

在分析词语数量时，我们不仅要分析词语的总体数量，还要分别分析有
效词语和无效词语的数量。有效词语指的是书面语中使用正确的词语。本书
完整句中的所有词语都是有效词语，瑕疵句和非句中的部分词语是有效词语。
无效词语指的是书面语中使用有误的词语。本书瑕疵句和非句中的部分词语
是无效词语，包括但不限于自造词、误用词、赘余词以及句子中表义不明的
词语。

Hunt（1965）在分析词语数量时没有区分有效词语和无效词语，因为他
所分析的是健听学生的书面语，只有少量的、可忽略不计的瑕疵句，并且几
乎不存在非句。而我们所分析的听障小学生的书面语中存在大量的瑕疵句和
非句，如果不将这些无效的成分分析在内的话，就无法全面客观地反映听障
小学生的写作水平。例如 Yoshinaga-Itano 等（1996）按照 Hunt（1965）的
框架分析以下两个句子时就出现了问题。

a. The man's car is crash the car.

b. The man crashed his car.

如果只分析整体词语数量的话，a 句是 7 个词语，b 句是 5 个词语，在最后的得分上 a 要比 b 高。然而显而易见，b 比 a 的表达水平要高，与分析结果正好相反。因此为了适应听障小学生的书面语表达实际，我们在分析词语数量时区分了有效词语和无效词语，这一点也是 White（2007）新加入的分析内容。

在词语数量方面，我们需要分析的内容共有六项：

①整体词语数量，即完整句、瑕疵句、非句中所有词语的总和；

②每种类型句子中有效词语和无效词语的数量，即完整句、瑕疵句、非句各自的有效词语和无效词语数量；

③完整句和瑕疵句的平均有效词语数量，即完整句有效词语数量/完整句数量，瑕疵句有效词语数量/瑕疵句数量；

④完整句和瑕疵句的词语有效使用率，即完整句有效词语数量/整体词语数量，瑕疵句有效词语数量/整体词语数量；

⑤平面二和平面三的各自平均有效词语数量，即（完整句有效词语数量＋瑕疵句有效词语数量）/平面二句子数量，（完整句有效词语数量＋瑕疵句有效词语数量＋非句有效词语数量）/平面三句子总体数量；

⑥平面二和平面三的各自词语有效使用率，即（完整句有效词语数量＋瑕疵句有效词语数量）/词语总体数量，（完整句有效词语数量＋瑕疵句有效词语数量＋非句有效词语数量）/词语总体数量。

（1）完整句中有效词语和无效词语数量的分析方法

根据完整句的判断标准，该类型的分析单位中不包含任何的语法问题，因此其中的所有词语都被分析为有效词语。我们以 MR 作文《十年》为例，来统计其完整句中有效词语和无效词语的数量。统计结果见表 4.6。

表 4.6　MR《十年》完整句中有效词语和无效词语的数量

编号	例句	有效词语数量	无效词语数量
①	我/叫/MR①，	3	0
②	10/年/之后/我/住/在/北京/市/大兴/qū/西红门/理想/城/七/期/二/号/一/单元/404。	20	0
④	家/里/一共/有/4/口/人。	7	0
⑥	一共/有/6/个/房间，	5	0
⑩	家/里/有/动物	4	0
⑭	我/在/家/里/读/书，	6	0
⑰	所以/我/学习/画/画。	5	0
总计		50	0

（2）瑕疵句中有效词语和无效词语数量的分析方法

根据瑕疵句的判断标准，瑕疵句主要表现为成分的缺失，因此已经存在的词语都可以判定为有效词语。虽然瑕疵句中会出现词语误用的情况，但是根据我们对语料的分析，误用主要表现为：第一，同类词之间的误用，例如将"参观"写成"观察"，将"它"写成"他"；第二，语素缺失，例如将"少儿"写成"少"，将"尾巴"写成"尾"；第三，语素颠倒，例如将"花坛"写成"坛花"，将"贺卡"写成"卡贺"。这些词语虽然在写法上有误，但是它们在句中的位置以及使用都是正确的，如果将其完全统计为无效词语就会影响句子的平均词语数量，况且特别是⑤⑧两种情况实际上并不能算作真正意义上的误用词，因此为了统计的方便，我们将瑕疵句中的误用词也统计为有效词语。只有一种情况瑕疵句中会出现无效词语，那就是句首或句末有赘余成分，例如 XL 同学经常在作文的最后写道"我很开心了"，最后一个词语"了"则为该瑕疵句中的无效词语。

需要注意的是，出现以上类似情况，即使句末赘余成分之外的其他部分

---

① 为了方便复查，我们在分析语料时用符号"/"将词语隔开。

（"我住在北京市石景山区"）是一个完整的句子，并且不含任何语法问题，但由于其后有赘余成分，我们也要将这个整体判定为瑕疵句而非完整句。为了方便复查，我们使用符号"{ }"将句末赘余成分以外的部分括起来，表示这是一个瑕疵句，而符号" { }"之外无效部分中的词语都统计为无效词语。例如，以上句子在分析时应做如下标记：{我/很/开心}/了，有效词语3个，无效词语1个。以MR作文《十年》为例，其瑕疵句中有效词语和无效词语统计结果见表4.7。

表 4.7　MR《十年》瑕疵句中有效词语和无效词语的数量

编号	例句	有效词语数量	无效词语数量
⑤	10/年/之后/我/住/房子/很/大	8	0
⑧	房子/的/外面/有/三/轮/车/小/黄/车/ofo，	11	0
⑫	他/长/着/长/长/的/pó子/，大/大/身子/，短/短/的/尾/，还/有/长/长/tuǐ。	19	0
⑮	我/学习/画/画，	4	0
总计		42	0

（3）非句中有效词语和无效词语数量的分析方法

根据非句的判断标准，无论是缺失必要成分的非句，还是有赘余成分的非句，甚至是意义不明和无意义的非句中，都或多或少存在一些有意义的结构。我们将这些结构称作非句中的有效成分，将其中的词语判定为有效词语。我们分析这类词语的一个重要原因在于听障小学生的书面语中存在大量的非句，甚至有的学生整篇作文都是非句，如果我们忽略这些成分，很多学生的作文得分只能是0分，即使对于那些不完全是非句的作文，其得分也仅限于对完整句和瑕疵句的分析，这无疑会低估听障小学生的写作水平。另外，非句中的有效成分哪怕只由三四个词语构成，例如"在/操场/上""在/教室/里""我/去/学校"等，也能反映听障小学生对某种类型的短语或结构的掌握情况，并且是他们汉语表达中很重要的一个部分。MR《十年》非句中有效词语和无效词语的统计情况见表4.8。

表 4.8　MR《十年》非句中有效词语和无效词语的数量

编号	例句	有效词语数量	无效词语数量
③	10/年/之后/我/和/爸爸、/妈妈、/奶奶，	8	0
⑦	每/个/房间/做/睡觉/、cú 房。	3	3
⑨	还/有/一/辆/是/单车。	4	2
⑪	是/爱/龟，	0	3
⑬	10/年/之后/我/在/做/读/书，	6	2
⑯	因为/美术/老师/教/我/学/画/画，	5	3
⑱	工作，在/固安/工作，	3	1
⑲	做/柜子/、马桶/、小床/、大床……①，	3	2
⑳	因为/固安/是/18/楼/，	3	2
㉑	是/为/了/爸爸/和/我/、妈妈/一起/工作。	6	3
总计		41	21

注：表中下划线部分为非句中的有效成分。

　　既然非句中的有效成分如此重要，那么我们应该如何确定哪些成分是有效成分，哪些成分是无效成分呢？

　　汉语结构分析工具将由三个或三个以上的有效词语所形成的意义清楚、语序正确的短语或结构分析为有效成分，那么其中的词语都分析为有效词语。之所以以三个成分为界限，是出于对汉语语法结构的考虑。一般汉语中两个成分构成的大部分都是很简单的结构，例如"小学、吃饭"等，这些不足以显示作者的表达水平。三个或三个以上的成分构成的结构一般可以说明事物之间的关系，在一定程度上能够代表作者的语言表达水平，例如"我去学校""我们写作业"等。这些结构能够丰富文章内容，只是由于听障小学生对汉语语法掌握不到位，才会在表达时丢失了某些必要成分，但是它在一定程度上

————————————

　　①　当谓语动词后出现多个名词罗列的情况时，无论数量多少，我们只将前两个名词算作有效词语，其他的都算作无效词语。

可以反映出听障小学生的表达水平，因此为了分析的准确性，我们将这些算作有效词语，非句中除此之外的词语都算作无效词语。需要注意的是有效成分中的所有词语和语法关系都必须是正确的、没有任何问题的，词语误用或语序颠倒的结构都不能算作有效成分。

例如"10年之后我和爸爸妈妈奶奶"这个"非句字串"中共有词语8个（10、年、之后、我、和、爸爸、妈妈、奶奶），其中有效词语8个，无效词语0个。因为它虽然缺失了述语部分，但是前面的部分由8个词语组成，并且语序正确，关联词使用恰当，能表达一定的意义，所以我们将其都算作有效词语。再比如"是为了爸爸和我、妈妈一起工作"中一共有9个词语（是、为、了、爸爸、和、我、妈妈、一起、工作），其中"是为了爸爸和我"可以算作一个有效成分，因为我们可以说"妈妈做这一切都是为了爸爸和我"。在使用汉语结构分析工具时，为了方便复查，我们用符号"＿＿＿＿"来标记有效成分，例如上面的例子可以标记为：是/为/了/爸爸/和/我/、妈妈/一起/工作，分析为有效词语6个，无效词语3个。

我们可以将MR作文《十年》中的词语层面统计结果列表如下：

表4.9　MR《十年》词语层面的结构分析

句子类型	平均词语数量	词语有效使用率%	平面	平均词语数量	词语有效使用率%
完整句	7.14	32	平面一	7.14	32
瑕疵句	10.5	27	平面二	8.36	60
非句	—	—	平面三	6.33	86

通过对三种分析单位词语数量的分析，我们可以总结出有效词语和无效词语的出现情况：有效词语包括完整句中的所有词语，瑕疵句中位于符号"｛｝"内的词语，以及瑕疵句句首和句末赘余成分中的有效成分和非句中有效成分中的词语，也就是符号"＿＿＿＿"所标记的词语；无效词语包括了瑕疵句句首和句末赘余成分中的非有效词语和非句中非有效成分中的词语，也就是完整句和"｛｝"以及"＿＿＿＿"所标记词语以外的所有词语。

通过以上分析，我们发现在汉语结构分析工具中除句子之外，词语在各个方面的表现是我们分析的另一项重要内容。《现代汉语》将词定义为"具有一定的意义和固定的语音形式，可以独立运用的最小语言单位"（黄伯荣和廖序东，2002）[253]。但由于汉语不实行分词连写，很多时候，词和语素以及词组的界限较为模糊。有时一个成分既是一个词语也是一个语素，例如"蝴蝶、高兴"；有时一个成分既是一个词语也是一个短语，例如"读书、升旗"。关于第一种情况比较好操作，我们直接将"蝴蝶"和"高兴"分别算作一个词语即可，但是第二种情况应该分析为一个词语还是两个词语呢？如果我们不提前将词语划分的规则确定清楚，就会在实际操作中遇到麻烦，很可能导致同一个人前后划分的标准不一致，或不同的人划分的标准不同，这些都会大大地影响对听障小学生写作水平的分析结果。要想保证汉语结构分析工具分析的有效性，我们首先就需要确定词语划分的标准，保证前后分析的一致性，避免将一个成分在上一个文本中算作一个词语，在下一个文本中算作两个词语的情况发生。

在划分词语时，我们按照最小单位原则划分，即可以独立运用的最小音义结合体，因此自由语素也算作词语，例如"吃""跑""做""玩"等。根据周一民《现代汉语》判断词与非词的标准，我们需要将一个成分在语音、语义、语法三个方面的特点结合起来看。

首先，在语音方面，主要看是否有轻声，如果两个成分中有一个是轻声，那么这两个成分整体算作一个词语，例如"起来""出来""回来""地上"等，这些成分中的第二个部分都是轻声，那么毫无疑问，这些都判定为一个词语。

其次，在语义方面，主要观察将两个成分拆开，语义是否发生变化。如果拆开后，每个成分都还保持着在整体中的意义，并且可以独立运用，那么这个成分就是两个词语，例如"吃饭、读书"；如果拆开后，意义发生了变化，则无论其是否能够独立运用，我们都将整体算作一个词语，例如"白菜"。还有一种情况是同样的一个成分，在表达一种意思时是两个词，在表达另一种意思时是一个词，例如"半天""东西"。"半天"在表示实际的半天时间时分析为两个词，在表示虚数时间时为一个词，例如"我都等你半天了，怎么才来呀!"。"东西"在表示方向时为两个词,在表示物品的统称时为一个词,例如"这些东西你不要动。"

再次,在语法方面,主要采用扩展法和剩余法。扩展法指的是如果一个成分不可以在内部插入词语,那么这个成分就是一个词,否则为两个或两个以上的词,例如"每个"可以扩展为"每一个""每两个",等等,因此"每/个"为两个词;而"白菜"不能扩展为"白色的菜",因此为一个词。剩余法指的是句子中的自由语素只要不与别的语素组词,便都是能够独立运用的单位——词,黏着语素单用时也可以是词,例如"他/又/来/送/信/了"这个句子中,"他、来、送、信"毫无疑问都是独立的词,"又"和"了"作为剩余的成分,在这里也算作词。

为了保证分析的精确性,我们对常见的一些成分的划分标准进行说明:

人名统一算作一个词语;地名按照内部结构划分,有几个词语就算作几个词语;专有名词也按照实际结构划分为不同的词语;数字单独算作一个词语,若数字与量词结合,则算作两个词。

- 划分为两个或两个以上词语的类别:

数量结构:一/个、几/个、一/号、一/下、8/号、13/个、12/点、一/天、一只、一/组、这/次、下/次、上/次……

称谓、节日、季节:胡/老师、崔/老师、六/年级、教师/节、儿童/节、夏/天、冬/天……

地名:北京/市、朝阳/区、中国/龙/在/天、皮影/城、北京/特殊/实验/学校……

"V一V"结构:试/一/试、讲/一/讲、说/一/说、看/一/看……

"AA的"结构:红/红/的、长/长/的、甜/甜/的、弯/弯/的……

- 划分为一个词语的类别:

人名:WXH、猪八戒、大灰狼、喜羊羊、秦始皇……

派生词(包含前后缀):第一、老师、大家、我们、孩子、锤子……

热腾腾、红润润、绿油油……

尽管我们确定了词语划分的办法，但无论这个办法多么有效，总有一些成分我们无法一眼就划分出来。因此我们在分析中将一些不好划分的成分都作了标记，并且明确了划分的结果，就是为了再次遇到这些成分时可以保证与上次划分的结果一致。我们将这些有争议的成分列在下面：

划分为两个或两个以上词语的例子：

一/个、几/个、一/号、一/下、8/号、一/天、一只、一/组、这/次、下/次、上/次、一/月份、这/个、那/个、这/些（这一些）、那/些、这/本、那/本、袖珍/人、主持/人、残疾/人、垃圾/桶、办公/室、图书/馆、温/室、皮影/馆（很多学生要写地点时，也只写了"皮影"，因此这样分成两个词可以区分写对地点和没有写对地点的学生）、皮影/戏、北京/市、大兴/区、三/轮/车、小/黄/车、胡/老师、六/年级、小/男孩、小/女孩、马/车、春/节、国庆/节、教师/节、儿童/节、黑/色、红/色、黄/色、午/饭、早/饭、晚/饭、火腿/肠、秋/游、气/球、梅/花、月/饼、绿/豆、大巴/车、公交/车、草/地、心/里、书/里、头/上、家/人、冬/天、夏/天、秋/天、春/天、红/旗、好/大、好/看、好/玩、不/好、不/要、不/能、不/许、没/有、回/到、走/到、遇/到、看/到、找/到、从/中、从/小、看/见、听/见、吃/饭、上/车、下/车、上/台（表示"上舞台、上讲台"时，是两个词，可以扩展为"上一次台、上两次台、上个台"，等等；表示执政党取得政权时算作一个词"上台、下台"）、做/操（做眼保健操、做广播体操）、下/课（下了课）、上/学（上大学、上了学）、骂/人、变/成、长/大（长得很大）、再/会、升/旗、开/会、画/画、排/队、窗/口、门/口、甜/甜/的、长/长/的、弯/弯/的、小/小/的、圆/圆/的、狠/狠/地、慢/慢/地、试/一/试、讲/一/讲、就/是、之/一、度/过……

划分为一个词语的例子：

第一、第二、椅子、斧子（斧头）、锤子、孩子、同学们、我们、你们、大师、大家、老家、前面（"面"不能独立使用）、外面、里面、下面、上边、下边、里边、外边、回来（"来"是轻声，不能独立使用）、地上（"上"是轻声）、起来（"来"是轻声）、进去、回去、出来、下来、一会、午餐（"餐"不能单独使用）、果园（"果"不能单独使用）、发明、全身、再见、高兴、一样、先天、失聪、以后、到达、目的地、舞台（"舞"不能单独使用）、讲台（"讲"不能单独使用）、别人、他人、有时、这时、那时（不能扩展，"时"也不能独立使用）、哪里、这里、那里、那么、这么、身边、许多（"许"不能独立使用）、有趣、中间、巨人（"巨"不能独立使用）、其中、从前、从来、然后、游戏机（"机"不能独立使用）、子女（"子"和"女"都不能独立使用）、形成、少儿、满满、兄弟、最后、之后、接下来、身上、王宫、大厅（"大厅"与"大的厅"意义不同）、剩下、操场、月份、节日、见面、这样、天安门、拍照、楼道、不错（"真不错"中的"不错"）、黑板、冰棍、不对劲、不小心、乒乓球（"乒乓"不能独立使用）、篮球、足球、排球、理发师（"师"不能独立使用）、美容师、女孩子（分开之后"女"和"孩子"的意义与合在一起的意义并不完全相同）、男孩子、小矮人、老婆婆、花麒麟、铁海棠、自行车（"自行"不能独立使用）、保卫战、汽车、红润润、热腾腾、绿油油、叮铃铃、三好学生、五好青年、三个代表……

另外需要说明的一点是，既然划分词语会遇到如此多的麻烦，那为何我们不能把文字数量作为分析的内容呢？主要原因在于上文谈到的非句和瑕疵句中有效成分的确定。有效成分一定是一个有意义的结构或短语，哪怕它是不完整的。我们知道结构或短语都是由词语组成的，我们可以通过观察词语的数量来大概推知结构的复杂与否，却无法通过文字的数量来推算。例如，根据有效成分的确定标准，三个或三个以上的词语组成的有意义的结构就是有效成分。"我吃饭"就是一个有效成分。但是三个或三个以上的文字组成的却不一定是一个结构，有可能只是一个专有名词。例如，"北京某特殊学校"，虽然字数多，但并不能反映学生的语法能力。考虑到上述因素，我们还是将词语数量作为主要的分析内容。

4.4.1.4　汉语结构分析工具的分析步骤

汉语结构分析工具主要是对分析单位和词语数量的分析，综合以上分析，我们可以明确汉语结构分析工具一共需要分析 10 项内容，现复述如下：

（1）句子的总体数量，即完整句、瑕疵句和非句的数量总和；

（2）每类句子的数量，即完整句、瑕疵句和非句的数量；

（3）三类句子分别占总体句子数量的比例，即完整句数量/句子总体数量，瑕疵句数量/句子总体数量，非句数量/句子总体数量；

（4）平面二句子数量占总体句子数量的比例，即（完整句数量＋瑕疵句数量）/句子总体数量。

（5）整体词语数量，即完整句、瑕疵句、非句中所有词语的总和；

（6）每种类型句子中有效词语和无效词语的数量，即完整句、瑕疵句、非句各自的有效词语和无效词语数量；

（7）完整句和瑕疵句的平均有效词语数量，即完整句有效词语数量/完整句数量，瑕疵句有效词语数量/瑕疵句数量；

（8）完整句和瑕疵句的词语有效使用率，即完整句有效词语数量/整体词语数量，瑕疵句有效词语数量/整体词语数量；

（9）平面二和平面三的各自平均有效词语数量，即（完整句有效词语数量＋瑕疵句有效词语数量）/平面二句子数量，（完整句有效词语数量＋瑕疵句有效词语数量＋非句有效词语数量）/平面三句子总体数量；

（10）平面二和平面三的各自词语有效使用率，即（完整句有效词语数量＋瑕疵句有效词语数量）/词语总体数量，（完整句有效词语数量＋瑕疵句有效词语数量＋非句有效词语数量）/词语总体数量。

按照上文确定的分析内容和分析方法，我们设计了听障小学生汉语结构分析模板（表 4.10），方便使用者整理和对比。

汉语结构分析工具的使用步骤：

（1）将模板复制到一个新的 Excel 文档中，本书的分析全部使用 Excel 表格，因为 Excel 表格具有自动计算的功能，方便我们分析各项数据。

表 4.10　汉语书面语结构分析工具

姓名：　　　　　年龄：　　　　　出生日期：　　　　　性别：　　　　　补偿听力（好耳）：　　　　　dB

学校：　　　　　年级：　　　　　写作话题：　　　　　语料收集时间：

分析内容和结果：

句子数量：　　　　　

词语数量：　　　　　

句子类型	数量	使用率	平均词语数量	词语有效使用率
完整句				
瑕疵句				
非句				

	句子数量	使用率	平均词语数量	词语有效使用率
平面一				
平面二				
平面三				

序号	A 句子	测量单位的数量				完整句	瑕疵句	有效成分	
		B 非句	C 完整句	D 瑕疵句		E 有效词语	F 有效词语	G 有效词语	H 无效词语
1									
2									
3									
4									
5									
6									
7									
8									
9									
10									
11									
12									
13									
……									
总计									

（2）将表头部分对应的内容填写在横线上。

（3）将要分析的文本切分成句子，并按顺序填入模板的 A 列。

（4）将 A 列中所有的内容进行词语划分，用符号"/"表示词语之间的界限。

（5）按顺序依次分析每行的句子，首先确定该单位是非句、完整句还是瑕疵句，并在 B、C 或 D 列的相应行中填入 1。

（6）若 A 列中某行是完整句，那么该句中所有词语都为有效词语，将其数量填入 E 列的相应行。

（7）若 A 列中某行是瑕疵句，并且其前后都没有赘余成分，则该句中所有词语都为有效词语，将其数量填入 F 列的相应行。

若 A 列中某行是瑕疵句，但其前或后或前后有赘余成分，则用符号"{}"将赘余成分之外的内容括起来，并分析赘余成分中是否有有效成分，若有，则用符号""将有效成分标出，之后将符号"{}"中的词语数量填入 F 列的相应行，将符号""中的词语数量填入 G 列的相应行，其他没有任何标记的词语数量则填入 H 列的相应行。若赘余成分中没有有效成分，则只需将符号"{}"中的词语数量填入 F 列的相应行，其他词语的数量填入 G 列的相应行。

（8）若 A 列中某行是非句，则需要分析其中是否有有效成分，若有，则用符号""将有效成分标出，之后将""中的词语数量填入 G 列的相应行，其他词语的数量填入 H 列的相应行。若非句中不包含有效成分，则将所有词语的数量填入 G 列的相应行。

（9）若使用 Excel 表格分析文本，可在分析之前将需要计算的内容的公式输入至相应位置，那么在将以上八个步骤完成之后，文档会自动计算出我们所需要的 10 项数据。若使用 Word 表格分析文本，则需要分析者按照上文说明的每项内容的计算方法手动计算。

需要注意的是，听障小学生的书面语中会存在很多的错别字、标点符号、拼音等问题，我们对这些特殊情况进行如下说明：

（1）我们在分析时不考虑错别字问题，只要使用正确就算作有效词语。例如 FMH 同学在一篇日记中写道"我知道是他先洗笔，我后洗笔"，其中将

"洗"写成了"冼",但用法正确,我们就将其算作有效词语。

(2)我们以句子为基本的分析单位,而本书确定句子的标准与标点符号无关,因此我们在使用汉语结构分析工具时不考虑标点符号的问题。

(3)一些听障小学生遇到不会写的字时,选择用拼音来代替,例如 MR 同学的作文"他长着长长的 pó 子……还有长长 tuǐ",即使拼音拼写有误,只要不影响理解并且使用正确,我们就算作有效词语。

按照以上步骤,我们使用汉语结构分析工具分析了 MR 的作文《十年》,分析结果见表 4.11。

4.4.1.5 汉语结构分析工具的信度分析

为了确保使用汉语结构分析工具得出的数据能客观准确地反映听障小学生在结构层面的能力,我们有必要对汉语结构分析工具进行信度分析。

本书采用评分员间的一致性信度分析来确保分析的客观性、准确性。具体操作方法为,我们将收集到的听障小学生实验前后的作文分别交给两名分析人员,一名为本书作者,一名为语言学专业的硕士研究生,两人都熟悉汉语结构分析工具的使用方法,最后将他们的分析结果放入 SPSS 软件进行相关(corelation)分析,若相关系数(Pearson 相关系数,r)得分在 0.7—1 这个区间[1],说明两位分析人员使用汉语结构分析工具对同一篇文本分析的结果较为相近,相关性较高,此时采用本书作者的分析结果作为最后结果。若相关系数在 0.7 以下,则说明两位分析员对某篇文本的分析结果相差较大,相关性较低,此时需要两位分析员一一核查数据,对差别较大的数据所对应的汉语结构分析工具中的内容进行讨论,并重新分析,将重新分析后符合相关系数的结果作为本书使用的结果。因此本书在结果部分呈现的结构层面的数据皆为相关系数为 0.7—1 的数据,有较高的可信度。

---

[1] 由于本书分析的书面语皆来自听障小学生,经常会出现语法上合法,但放在具体语境中却模棱两可的情况。例如根据语境应该表达的内容是"今天我们去春游了",但是大部分听障小学生都会写成"今天我们去春游",因此在分析时很难确定这是一个完整句还是瑕疵句,这种类型的问题不胜枚举。此外,对作文中语言表达问题的分析本身就是离不开语境的,会带有一定程度的主观性,因此我们在做信度分析时,考虑到分析的主观性以及操作上的便易性,将相关系数设定为 0.7—1。

表 4.11　MR《十年》语言结构分析结果

词语数量：154

句子类型	数量	使用率	平均词语数量	词语有效使用率
完整句	7	0.33	7.14	0.32
观戴句	4	0.19	10.50	0.27
非　句	10	0.48	-	-

测量单位的数量：21

平面	句子数量	使用率	平均词语数量	有效成分	词语有效使用率
平面一	7	0.33	7.14		0.32
平面二	11	0.52	8.36		0.60
平面三	21	1	6.33		0.86

	A	测量单位的数量			完整句	观戴句	有效成分	无效词语
	句子	B 非句	C 完整句	D 观戴句	E 有效词语	F 有效词语	G 有效词语	H 无效词语
1	我／叫／MR。		1		3			
2	10／年／之后／我／住／在／北京／市／大兴／qu／西瓜ロ／理想／zh／理想／七／期／三／号／一／单元／404。	1			20			
3	10／年／之后／我／和／爸爸、妈妈、弟弟。		1		7		8	
4	家／里／一共／有／4／ロ／人。		1					
5	10／年／之后／我／住／房子／很／大。	1		1	5			3
6	一共／有／6／个／房间。							
7	每／个／房间／跟／睡觉／人／动。	1		1		11	3	
8	房子／的／外面／有／三／轮／车／小／gou／车／ofo。	1			4		4	2
9	丢／有／一一辆／是／单车。							
10	家／里／有／动物		1	1		19		3
11	是／爱／他。							
12	他／长／大／的／po子／、大／大／身子／、短／短／的／尾／、短／短／长／长／tui。				6		6	2
13	10／年／之后／我／长／在／读／读／书。	1		1		4		
14	我／在／家／里／看／书。							
15	我／学习／画／画。	1						
16	因为／美术／老师／教／我／学习／画／画。		1		5		5	3
17	所以／我／学习／的／画。							
18	工作、在／顾安／工作。	1	1				3	1
19	盘／推子／、马桶／、小床／、大床……	1					3	2
20	因为／l设／这／基／18／楼／。	1					3	2
21	是／dao了／爸爸／和／我／、妈妈／一起／工作。		1				6	3
	总计	10	7	4	50	42	41	21

4.4.2　内容层面分析

林崇德（2003）认为书面语表达能力包括写作思维、观察分析、选词选句、布局谋篇、模仿范文等能力；或者可以说它包含审题、立意、搜集材料、选材和组材、语言表达和修改作文等能力。Wolbers 等（2008、2011、2014）认为听障学生在学习写作时除了要注重词法和句法外，还要学习一些更高层次的写作技巧（Higher level writing skills），例如写作体裁的要求、话题的引入和发展、段落之间的连贯以及文章的修改等方面的内容。

我们在分析学生的写作能力时，不能仅仅停留在结构层面，只对其语法结构进行分析，还要观察整篇文章的内容是否切题、逻辑是否合理、结构是否连贯，我们将学生的这些能力称作书面语内容层面的能力。本书设计了听障小学生汉语书面语内容层面的分析工具。

4.4.2.1　汉语内容分析工具的理论来源

全国教育进展评估（national assessment of educational progress）是由美国教育部制定的用来评估学生学业表现的一套标准，也被称为"国家成绩单"，始于 1969 年，每四年进行一次，最近一次评估报告形成于 2017 年。

2017 年全国教育进展评估写作框架说明了新的全国教育进展评估的写作评估是如何设计用来测量 4 年级、8 年级以及 12 年级学生的写作水平的。作为美国学生学业成绩的国家指标，全国教育进展评估定期收集这三个年级学生的代表性样本信息。鉴于 21 世纪写作环境的不断扩大，2017 年全国教育进展评估写作框架旨在对目的型写作进行评估，即认为写作是一种有目的的思考和表达行为，用于实现不同的交流目标。尽管全国教育进展评估无法评估学生所有的写作情况，但仍可以帮助我们了解学生在"按需"（on-demand）写作情况下就特定目的和受众做出有效选择的能力。此外，全国教育进展评估还会为我们提供 K—12 阶段教育中新技术的作用和影响力等重要信息，以及 12 年级的学生在多大程度上满足了进入本科的要求。全国教育进展评估中写作框架的形成历时 18 个月之久，涉及了来自美国各地的 500 多人，反映了对写作评估广泛而深入的研究结果。

在 2017 年全国教育进展评估的写作框架中，主要对劝说（to persuade）、解释（to explain）和描述（to convey experience，real or imagined）三种类型的作文进行了评估。考虑到写作任务的话题、目的和读者，学生需要选择一系列思考和写作的方式来帮助他们展开和组织自己的想法，完成写作目的。4 年级、8 年级和 12 年级的学生需要选择合适的写作形式，例如评论、信件、论文等来完成写作任务。三个不同年级学生的作文都会用一种评分标准来进行评估。

全国教育进展评估认为一位成功的作者在写作的各个方面都会做出有效的选择以达到写作的目的，满足预设读者的要求。2017 年全国教育进展评估的写作评估部分强调了写作的三个重要特征，用来评估学生的写作质量。它们分别是：① 想法的展开（development of ideas）；② 想法的组织（organization of ideas）；③ 语言的使用（language facility and conventions）。以此为框架，全国教育进展评估分别对劝说、解释和描述三种类型的作文设置了整体评分标准。每种体裁以 6 分为最高分，0 分为最低分。

全国教育进展评估在写作评估的内容层面主要关注内容的发展和组织两个方面，这对本书的研究有很大的启发意义。但由于 2017 年全国教育进展评估针对的是普通学校 4—12 年级健听学生的书面语，对本书的研究对象——特殊学校 5 年级听障学生——来说，其制定的标准并不完全适用。首先，全国教育进展评估的评分标准是对某一种类型写作文本的整体评分，不再细分每个方面的得分。这对普通学生以母语写作或许有效，但对于听障小学生用汉语写作可能还不够准确。我们需要将作文的内容层面再细分为几个具体的方面，对每个方面设置评分标准。这更有助于我们观察听障小学生在内容层面的哪个部分需要提高，以及某个部分是否有提高。其次，全国教育进展评估将写作类型分为三种：劝说、解释和描述，大致对应于汉语中的议论文、说明文和记叙文。为了照顾传统，我们仍用后者来称说。但是在设置评分标准时，我们只设置了内容层面不同方面的评分标准，不再分体裁进行，以减轻使用者的记忆负担。

除此之外，我们还参考了国内外很多其他的有关书面语内容层面分析的文献，至今没有发现一个可以用来全面分析本书语料的工具。因此我们需要在前人研究的基础上，结合本书语料的特点，设计一个适用于本书听障小学生书面语内容层面表达能力的分析工具，我们将其称作汉语书面语内容分析（content analysis of written Chinese，CAWC，简称"汉语内容分析"）工具。

4.4.2.2 汉语内容分析工具的分析内容

结合已有研究以及本书语料，我们在内容层面确定的分析内容包括以下五项。

（1）题目的使用

题目是作文的门面，很大程度上决定了读者对所读作文的第一印象。一个好的作文题目会给人眼前一亮的感觉，吸引读者，让读者产生阅读的兴趣；而一个普通或不好的题目可能会让读者失去阅读的兴趣。在阅卷评分时，一个好的作文题目可能会使整个文章的得分变高，而一个不好的题目可能会拉低整个作文的得分。

题目不仅对文章的内容得分有影响，它也是作文结构中必不可少的一个部分。一篇完整的作文需要包括题目、开头、正文和结尾四个部分，题目缺失会使整个作文结构变得不完整。很多语文教师在阅卷时会对没有题目的作文直接扣分（一般为5分）。

因此我们在分析听障小学生作文时，也要将题目作为一个分析内容，按照题目的有无和好坏，给予其不同的分值。

（2）话题的引入

每篇文章都有一个话题，文章中的所有内容都围绕这个话题进行。对于记叙文来说，话题就是要讲述的事情；对于说明文来说，话题就是本文要说明的人、事或物；对于议论文来说，话题就是文章的论点。学生在写作时能否准确地找到话题，并且用适当的方式将这个话题引出，是内容层面写作水平高低的表现之一。一般引入话题的方式有两种，一种是开门见山式，一种是背景铺垫式。低年级学生在引入话题时以开门见山式居多，高年级学生以背景铺垫式居多。

我们在分析学生的写作文本时，在话题引入部分需要观察文本中是否有明确的话题，或其话题是否与写作任务①中的话题一致，以及其话题引入的方式是否清晰明了，容易确定。

（3）话题的展开

话题的展开部分也就是文章的主体部分和核心部分，同时也是一篇文章中字数最多的部分。一般文章在引出话题之后紧接着就进入了主体部分，主体部分的作用就是展开话题，即更进一步地描述、解释、论述话题。记叙文的主体部分主要用来讲述事情的经过；说明文的主体部分用来说明人、事或物的具体内容；议论文的主体部分用来证明论点，一般以列出论据并进行论证的方式进行。

一般写作水平较高的作者为了丰富文章的内容，会在主体部分进行详尽的细节描写，运用大量的数据和例证来解释作者的观点，帮助读者更好地了解话题。主体部分所用的这些细节、数据和例证可以是亲身经历或观察所得的一手材料，也可以是通过阅读或耳闻获得的二手材料。

在这个部分我们需要分析学生写作文本中的话题是如何展开的，以及展开的广度与深度如何。

（4）话题的结尾

话题的结尾部分一般会简要地总结整篇文章的主要内容和思想。一篇好的文章通常会在结尾部分回顾话题，达到首尾呼应的效果。记叙文大多会以抒发感想或反思结果收尾；说明文会在结尾部分简要概括事物的内容；议论文的结尾一般会回顾论点，总结论据。

我们需要分析学生写作文本的结尾部分是否清楚、简要地总结了文章内容，并呼应了主题。

（5）文章的连贯

---

① 任务指的是老师或语料收集者给学生布置的写作任务。

　　文章的连贯性是内容层面最重要的一项内容，它关乎整个文章结构的组织是否合理以及内容是否有逻辑。一篇连贯性好的文章表现在其思想、细节、例证等各个方面的内容都与文章的主题密切相关，句子以及段落按照清晰的逻辑顺序排列，合理地使用连接词和过渡句。一篇具有连贯性的文章可以很好地帮助读者了解整篇文章整体与部分、部分与部分之间的关系。

　　对于记叙文来说，其连贯性就表现在整篇文章都围绕要讲述的事件进行，背景信息（时间、地点、人物等）、细节描写、故事发展、情感表达/结果反思等都与主题事件密切相关，并且在讲述事件经过时按照一定的逻辑顺序（时间顺序、空间顺序、事理顺序等）进行。对于说明文来说，连贯性指的是整个文章关于事/物的说明都紧紧围绕话题事/物，每项说明之间有合适的过渡句子或词语，并且各项说明之间的排列按照一定的顺序进行。对于议论文来说，连贯性包括论点和论据之间的连贯，以及论据之间的连贯，等等。

　　我们在分析听障小学生书面语在连贯性方面的表现时，需要关注文章的每个部分是否都与话题密切相关、各个部分之间是否有序相连、有无跑题的句子或段落等几个方面。

4.4.2.3　汉语内容分析工具的评分标准

　　针对以上五项内容，我们将每项都划分为四个等级，并对每个等级的判断标准作出说明。为了将内容层面的表达能力可视化，我们对每个等级赋予分值，每项内容以 3 分为最高分，0 分为最低分。3 分代表该生在这个方面的写作水平很高，技巧很熟练；0 分代表该生在该文本中几乎没有体现出这方面的能力。下面我们对每项内容的每个等级进行说明。

　　（1）题目的使用

　　3 分——题目与话题相关，并且能够在很大程度上引起读者的兴趣。例如：

任务要求：介绍我的家庭

FMH：和谐温馨的三口之家

JKK：温暖的避风港

2 分——题目与话题相关，比较能引起读者的兴趣。例如：

任务要求：记春游活动

XZS：快乐的春游

MSY：有意义的春游

1 分——题目照抄写作话题或题目与话题不相关。例如：

任务要求：把视频里的故事写下来

WMH：把视频里的故事写下来

FQS：视频里的故事

0 分——没有题目。

（2）话题的引入

3 分——在文章的开头段落使用开门见山的方式明确说明本文的话题或观点，或通过铺垫在段末部分说明话题或观点，并且话题或观点与任务要求一致。例如：

任务要求：介绍自己的学校

FMH：今天我给崔老师讲一讲我的学校，北京 XXXX 学校。

任务要求：记秋游活动

MSY：今天，秋高气爽，天高云淡，我们来到了香山植物园秋游……

2 分——文章在开头部分提出了话题或观点，但是表述不完整，话题或观点与任务要求一致。例如：

任务要求：我最喜欢的节日

HYJ：是国庆节？10月1日下午？在天安门过节？

1分——文章没有明确话题或观点，但开头内容与任务要求的话题相关。例如：

任务要求：十年之后的我
XZS：我住在北京市石景山区是城市。

0分——文章没有明确话题或观点，并且开头内容与任务要求的话题无关。例如：

任务要求：十年之后的我
XL：北京。

（3）话题的展开

3分——文章在主体部分进行了详尽的细节描写，或运用了大量例证从不同角度对话题进行了具体分析，既拓宽了话题的广度，也增加了话题的深度。例如：

MSY：我选的书是《灰姑娘》。里面讲的是从前有一个小女孩，她从小没有妈妈。她的父亲给她找了个新妈妈。后妈很坏，还带着两个姐姐。老让小姑娘做家务。身上特别脏，她们叫她灰姑娘。

有一天，王子给她们写了一封信，让她们参加舞会，她们很高兴，就打扮得漂漂亮亮的，乘上马去往王宫方向。家里只剩下灰姑娘。她很伤心。这时来了一位老婆婆，知道她的事，给她变了马车、漂亮的衣服和水晶鞋，灰姑娘开心的去参加了舞会。

到了12点魔法消失了。灰姑娘，十分着急，往家跑，把水晶鞋掉在了王宫，王子通过水晶鞋，找到了灰姑娘。俩人在一起幸福的生活。

2 分——文章在主体部分对话题进行了一些细节描写，或使用了个别例子进行分析，在一定程度上丰富了文章的内容。例如：

WXP：崔老师说："你喜欢节日是什么。"我说是中秋节的节日，我来讲一讲昨天晚上我和爸爸妈妈、爷爷奶奶和妹妹去中秋节，我和妹妹吃了月饼了，我最爱吃月饼了，甜甜的、绿豆的味道的，我和爸爸妈妈、爷爷、奶奶、妹妹一起去看月亮了。

1 分——文章在主体部分试图对话题进行分析，但句子之间逻辑关系不清，并且出现很多与话题无关的内容。例如：

FMH：（今天我们去图书馆在里面看书。）看到了 HJY 找了半天了，没有找到，图书馆的工作人员给我仿讲了要求。我们是看书、读书、背书，我造的书是喜洋洋与开心……

FMH：（我的学校，）我发现了，我看见学校楼梯 7 栋楼，我来到操场上在旁边花都开了和车库门还有超市可以买东西在一面非常大了。每栋楼的里面都有花还有画画。下楼……

0 分——文章缺失主体部分，没有细节描写和具体分析。

（4）话题的结尾

3 分——清楚、简洁地总结了文章内容，并与话题相呼应。例如：

ZXK：下次再来看儿童图书馆。

WXH：从这本书上，我感受到肯的正能量，我以后也要向他学习爱动脑，爱帮助朋友的好孩子。

MSY：这次读书活动，很有意义，读书能让我们增长知识。以后，我要多读书。

2 分——总结了文章，但是没有与话题相呼应。例如：

WXP：我很开心。

MR：这一天我很开心。

ZXK：下次再来。

1 分——直接用"完"或"结束"等词语表示文章结束，与之前的内容没有任何关联。例如：

FMH：（……三个男刻一边走一边吃。）完？

0 分——没有对文章进行总结，以细节描写结束。例如：

XZS：我选了拆弹专家、相信村长……大牌的背叛、小黑怪的阴谋、四不像书法。

HYJ：我在学校里读书，在北京 XXXX 学校，学习文化，有语文、数学、科学、计算机、还有手语、手工、跳舞。

（5）文章的连贯

3 分——整个文章与话题紧密相关，具有高度的连贯性。文章所有的部分（开头、主体、结论）结合起来充分地阐释和扩展了话题。不包含与话题无关的内容，所有的细节描写都与话题相关。句子之间以及段落之间有合适的连接词，过渡平稳。例如：

HJY：今天，我们去少儿图书馆看书。图书馆的工作人员给我们讲了怎样选书，怎样使用电脑，有哪些图书室。我们去选书，我选了人类之谜，从书里，我学到了，人的祖先是猿，身体像人类的骨 luò，猿是慢慢进化变成了人。

这本书主要讲了人类，人类的祖先是猿。人是靠猿身体，脸慢慢进化。还说了人是怎样立住的，是用脚跟的力量，把身体立住的。怎样会有后代。就是说，长大了，带上子女，一起过日子，生孩子。子女的肚子里会形成一些母精、精子。然后形成孩子的人身。生出来，后代是这样的。

从中，我感受到了地球生育人类很不容易。

我非常开心。那些书真好看。

2 分——文章内容与话题相关，大部分内容之间相互连贯。有少量与话题无关的内容。文章中有少量的连接词和过渡句。文章缺失了部分内容（开头、主体或结论），使得对话题的阐释不够全面和深入。例如：

WXP：今天我们去青年儿童图书馆，我看见了是好多好多的图书馆，我喜欢看书，我选了是书，我是帕古、梦想与成长书、小老鼠的漫长一夜书、棉花糖书、变、变、变刺球书、你的便便在哪里书、猫猫天堂书、奇妙的森林书、可爱的小猫书、多变的天气书、探秘的小恐龙书、萝卜回来了书，从书里我学到了是可爱的小猫。我很快乐。我的心情很高兴了。

1 分——文章内容与话题的相关度较低，段落或句子之间的逻辑关系不清。文章话题任意转换。作者不能完整地讲述一个事件或说明一个事物，只能对不同的事件进行列举。文章缺失主要内容（开头、主体或结论）。例如：

XZS：我们去世界儿童

我看到了开心方程式

我选了拆弹专家、相信村长、交通规则、美食大派送、馋嘴的跑车、女王驾到、麒麟现身、迷之火系精灵、最顽强少年、手足反目、值得尊敬的对手、巨人的威胁、潜入希斯集团、冰冻校园、异次元大战、潜几海盗能源站、虎口掠食、惊天大阴谋、熔岩冲浪、海盗来了、大闹巨石阵、斗神的羁绊、吵闹的邻居、花心主编、谁代替了伽罗、藏獒来福、问谍疑云、水火之战、混战三大部落、王族的精神、拯救生命之光、克隆的太阳、被捕的盗贼、重返侏罗纪、迷失的幻境、黑暗隧道、纪元大混战、再会大魔王、消失的文字、激战秦始皇、字帖保卫战、大牌的背叛、小黑怪的阴谋、四不像书法。

0 分——文章没有话题，句子或段落之间没有任何关联，或整篇文章只有一句话。例如：

XL：大灰狼新小小牛顿女王驾到拆弹专家相信村长交通规则馋嘴的跑车美食大派送学成语知识汉字奇思妙想喜羊羊我想快点长大芭比魔法公主

4.4.2.4　汉语内容分析工具的信度分析

与汉语结构分析工具一样，汉语内容分析工具也采用评分员间的一致性信度分析来确保数据的客观、准确性。由两位分析员分别对同一篇文本进行内容层面的分析，二者分析结果在 SPSS 中的相关系数也必须在 0.7 至 1 之间，对相关系数在 0.7 以下的文本进行重新分析。因此本书在结果部分呈现的内容层面的数据皆为相关系数在 0.7 至 1 之间的数据，有较高的可信度。

4.4.3　写作感知层面分析

对写作感知层面的分析，本书使用的数据主要来源于调查问卷、访谈和观察。

4.4.3.1　调查问卷

针对调查问卷，我们对听障小学生的回答进行了描述性统计，用于对比实验前和实验后听障小学生的选择变化。

我们将问卷中涉及写作知识、写作难度感知和写作动机的题目列举如下①：

（1）写作知识

1. 我觉得老师课上讲的写作方法对我_____。

    A. 非常有用　　　　B. 有用　　　C. 一般

    D. 没用　　　　　　E. 非常没用

2. 我在写作课上_____收获。

    A. 有很多　　　　　B. 有一些　　　C. 不确定

    D. 基本没有　　　　E. 完全没有

9. 现在你知道作文的结构和写作文的步骤吗？（如果知道，请写在下面。）

    作文的结构：_____

    写作文的步骤：_____

（2）写作难度感知

4. 现在写作文对我来说_____。

    A. 非常简单　　　　B. 简单　　　C. 一般

    D. 困难　　　　　　E. 非常困难

7. 现在我在写作文的时候，我_____。

    A. 总是有很多话想写

    B. 有时有很多话可写，有时只能写一些话

    C. 总是只能写一些话

    D. 总是只能写很少的几句话

    E. 总是无话可写

8. 现在写完作文后，我_____。

---

① 以下所有题目的序号皆遵循其在调查问卷中的实际序号呈现。

A. 总是觉得自己写得非常好，非常满意

B. 偶尔觉得自己写得很好

C. 感觉自己写的一般

D. 感觉自己写得不太好，不是很满意

E. 感觉自己写得非常不好，非常不满意

11. 现在你在写作中遇到的最大困难是什么？

    A. 无话可写

    B. 有话写，但是不知道如何用汉语表达

    C. 害怕写错

    如果以上都不是，那是什么？_____

（3）写作动机

3. 我现在觉得写作是一件_____的事。

    A. 非常有趣　　　　B. 有趣　　　C. 一般

    D. 无趣　　　　　　E. 非常无趣

5. 现在老师让我写作文，我的感受是_____。

    A. 非常开心　　　　B. 开心　　　C. 一般

    D. 不开心　　　　　E. 非常不开心

6. 上完写作课后，我_____练习写作文。

    A. 非常想　　　　　B. 想　　　　C. 不是很想

    D. 不想　　　　　　E. 非常不想

4.4.3.2 访谈

针对访谈材料，我们首先对内容进行了归类和整理，并找出其中的规律，运用主题提炼法分析听障小学生实验前和实验后在写作知识的掌握、写作难度感知以及写作动机方面的变化。

我们将部分访谈材料摘录如下：

2019 年 5 月 14 日

C（崔老师）：你觉得写作课对你有什么帮助？

JKK：我觉得很有用，之前写作文都不知道些什么，想得很头疼，现在知道要写什么了，有开头、正文、结尾。

C：你喜欢分组写，还是自己写？

JKK：分组写，因为大家一起写可以集思广益，想法就多了，就知道写什么了。

2019 年 5 月 22 日

C：你喜欢上作文课吗？

ZXK：喜欢。

C：你觉得崔老师上的作文课对你有帮助吗？

ZXK：有。

C：什么帮助？

ZXK：以前觉得写作文很难，现在不难了，知道写什么了，要写开头、正文和结尾。我平时看书，看到和我写的不一样的就抄下来，自己写的时候都可以用。

HJY：我喜欢崔老师给我们上课，崔老师的作文课对我有帮助，现在觉得写作文不太难了，有话写了。

4.4.3.3　观察

对观察材料的分析与对访谈材料的分析大致相同，都是首先对内容进行了归类和整理，再运用主题提炼法找出其中的规律，分析听障小学生实验前和实验后在写作感知层面的变化。

我们将部分观察所得摘录如下：

2019 年 5 月 8 日

第一组掌握了"汉堡包"结构，并用于自己的写作，并且会使用之前学过的好词好句，可以相互交流进行写作，文章有一定的连贯性。第二组对"汉堡包"结构的使用不太熟练，并且没有使用好词好句的意识，进步较小。虽然是分组写作，但组内学生交流较少，每人写一部分，不考虑作文的前后连贯。第三组没有掌握"汉堡包"结构，作文只有题目和正文，一般没有开头和结尾部分，且错词错句较多，进步不明显。

2019 年 5 月 22 日

大部分学生在老师的提醒下都可以使用摘抄的好词好句。FMH 在使用好词好句上进步很大，会根据自己的情况对句子进行修改："这就是我的家，一个和谐温馨的家，一个避风的港口。""妈妈是一个急性子，干什么事都很麻利，但是他不喜欢倒垃圾，我每天都要被妈妈无敌的倒垃圾给倒。"（范文：妈妈是一个急性子，干什么事都很麻利，我每天都要被妈妈无敌的"闹钟"给吵醒。）

2019 年 6 月 10 日

FMH 在帮老师收拾资料时，发现了很多之前学生写的作文，他拿出来看了一眼，直接就说："没有开头和结尾，只有一个题目和正文。"

4.5 本章小结

过程与策略写作教学模式需经实践检验来证明其有效性。我们在北京某特殊学校五年级进行了为期一个学期的过程与策略写作教学模式教学实验，并收集了大量的定量和定性数据，用以分析听障小学生在结构层面、内容层面及写作感知层面的变化。

本章在数据分析时采用定量与定性相结合的方法，在结构层面和内容层面分别设计了针对听障小学生书面语的分析工具——汉语结构分析工具和汉语内容分析工具；在写作感知层面收集了调查问卷、访谈以及观察的数据，并对其进行定性分析。汉语结构分析和汉语内容分析两种工具的设计可以较为客观、准确地展示听障小学生的写作能力，为特殊学校提供学生学习和教师教学的评价依据，也可为之后的类似研究提供参考。

第5章　过程与策略写作教学模式的教学实验结果及讨论

本书关注过程与策略写作教学模式对听障小学生的记叙文、说明文、议论文在语言结构、内容表达和写作感知层面上的影响，每个问题的结果都有相应的分析方法和数据来源（见表5.1）

表 5.1　研究问题与数据来源

序号	研究问题	分析方法	数据来源
1	不同语言水平的听障小学生经过过程与策略写作教学模式干预后，在记叙文、说明文、议论文结构层面的写作能力是否都有显著提升？	定量：配对样本 t 检验	汉语结构分析工具
2	不同语言水平的听障小学生经过过程与策略写作教学模式干预后，在记叙文、说明文、议论文内容层面的写作能力是否都有显著提升？	定量：配对样本 t 检验	汉语内容分析工具
3	不同语言水平的听障小学生经过过程与策略写作教学模式干预后，在写作感知层面是否有变化？	定性	调查问卷、访谈、观察

5.1　听障小学生在书面语结构层面的表现

汉语结构分析工具主要分析了书面语中句子和词语两个层面的 10 项内容，涵盖了句子（分析单位）数量、词语数量、各种类型句子的比例、不同平面的词语有效使用率以及句子的平均词语数量等。

由于汉语的句子多为单个主句，主句附带从句的较少，因此一个句子中的词语数量通常不会太多，即使整篇文章的词语数量增多，一般也是由于句子数量增多而非每个句子中的词语数量增多。因此我们不将句子的平均词语数量作为衡量写作水平高低的一个指标。

在结构层面，我们统计的内容是：句子数量、词语总体数量、完整句比例、非句比例、第一平面（完整句中）词语有效使用率（Level 1 Word Efficiency Ratio，简称 WER 1）、第二平面（完整句＋瑕疵句中）词语有效使用率（WER 2）、第三平面（全文）词语有效使用率（WER 3）。

我们之所以选择以上 7 项内容作为衡量听障小学生写作水平的指标并进行结果汇报，是因为首先听障小学生由于对汉语掌握不足，在语法和词汇上经常出现错误，写出瑕疵句或非句，作文中也会包含很多无效词语。这些是影响听障小学生写作表现的重要原因，因此统计其作文中的完整句、非句和有效词语使用率可以很好地看出听障小学生的写作水平。我们之所以没有对瑕疵句的比例进行统计，是因为其高低并不能直接反映学生的写作能力，它需要与完整句和非句的比例结合分析，因此我们只对后两项内容进行结果汇报，而不再对瑕疵句单独汇报。其次，虽然词语和句子的数量并不能直接反映写作能力，但是一般认为一篇文章中的词语越多、句子越多，内容就越丰富。而且成熟作者文章中的句子和词语数量一般要比新手作者多（Flower & Hayes，1980），因此我们也计算出句子数量和词语总体数量作为参考。

以下每节我们都使用 SPSS 24.0 的配对样本 t 检验对听障小学生（13 位）在实验前和实验后的作文进行对比；再分别展示不同语言水平组学生在实验前和实验后的平均值和标准差。

5.1.1 记叙文结构层面

5.1.1.1 **整体结果**

我们使用 SPSS 24.0 对 13 位听障小学生在实验前和实验后的记叙文结构层面的数据进行配对样本 t 检验，以了解过程与策略写作教学模式对作文结构层面的影响。表 5.2 显示，记叙文结构层面的 7 项内容均存在显著性变化（$p<0.05$）。

除非句比例外，其他 6 项都是数值越大，代表写作能力越高，只有非句是数值越大，代表写作能力越低。在句子数量上，实验前 13 位听障小学生记叙文中的平均句子数量为 M＝18.23（SD＝10.11），实验后为 M＝36.23（SD＝13.98），实验后的句子数量比实验前平均多出 18 个，增长了将近一倍。词语数量上，实验前记叙文的平均总体数量为 M＝109.38（SD＝71.70），实验后为 M＝234.77（SD＝78.10），实验后的记叙文词语数量比实验前平均多出 125.39 个。在完整句比例上，实验前为 M＝25.23%（SD＝24.10），实验后为 M＝67.85%（SD＝21.20）。值得注意的是，实验后的平均值是实验前的 3 倍，同时标准差比实验前还要小，这说明每位听障小学生的完整句比例在实验后都有增加，且 13 位学生对完整句使用比例的差距正在变小。在非句比例上，实验前的平均值为 M＝51.15%（SD＝25.56），实验后为 M＝14.85%（SD＝11.98），实验后比实验前的非句比例平均减少了36.30%。在完整句中的有效词语使用率（WER 1）上，实验前的平均值为 M＝23.62%（SD＝24.63），实验后为 M＝64.69%（SD＝21.99），实验后比实验前平均高出将近 2 倍。在完整句和瑕疵句中的有效词语使用率（WER 2）上，实验前的平均值为 M＝44.46%（SD＝24.11），实验后为 M＝82.00%（SD＝15.66），增长了将近 1 倍。在全文有效词语使用率上，实验前的平均值为 M＝69.92%（SD＝22.08），实验后为 M＝89.62%（SD＝10.88），增长了 19.70%。

表 5.2 记叙文结构层面配对样本 *t* 检验

对比项	时间	平均值（M）	标准差（SD）	*t*	*p*
句子数量	实验前	18.23	10.11	−5.548	0.000
	实验后	36.23	13.98		
词语数量	实验前	109.38	71.70	−6.960	0.000
	实验后	234.77	78.10		
完整句比例	实验前	25.23	24.10	−7.149	0.000
	实验后	67.85	21.20		
非句比例	实验前	51.15	25.56	5.577	0.000
	实验后	14.85	11.98		
WER 1	实验前	23.62	24.63	−6.627	0.000
	实验后	64.69	21.99		
WER 2	实验前	44.46	24.11	−6.606	0.000
	实验后	82.00	15.66		
WER 3	实验前	69.92	22.08	−4.365	0.001
	实验后	89.62	10.88		

注：表中完整句比例、非句比例、WER 1、WER 2、WER 3 此 5 项的平均值和标准差数据皆为百分比数据。

以上数据显示，经过过程与策略写作教学模式干预的 13 位听障小学生，其记叙文在结构层面的表现有了大幅度提升。这说明过程与策略写作教学模式对听障小学生记叙文的结构层面有积极、显著的指导作用。

5.1.1.2 分组结果

在实验设计部分，我们提到实际教学中会采用分组进行的方式，分组的依据是听障小学生的语言表达水平。本次教学实验，我们将 13 位听障小学生分为了三组[①]。第一组为高语言表达组（简称"高语言组"），指可以用汉语

[①] 此分组依据为第 3 章中听障小学生语言表达水平。高语言表达组、中语言表达组和低语言表达组分别对应高级水平、中级水平和初级水平听障小学生。

清晰表达的听障小学生，有 3 位，分别为 HJY、JKK、MSY；第二组为中语言表达组（简称"中语言组"），指可以用手语，但无法用汉语清晰表达想法的听障小学生，有 6 位，分别为 FMH、HYJ、MR、WXP、XZS、ZXK；第三组为低语言表达组（简称"低语言组"），指的是既不能用手语也不能用汉语表达想法的听障小学生，有 4 位，分别为 FQS、WMH、WXH、XL。本节我们关注每组听障小学生在经过过程与策略写作教学模式干预后结构层面的写作能力是否有所提高。

本节我们对不同组学生的记叙文在实验前和实验后的表现进行对比。

在记叙文结构层面，高语言组（第一组）学生在 7 项内容上都有很大的提升（见表 5.3）。记叙文是听障小学生最早学会的，也是最擅长的一种写作体裁。在句子数量上，实验前的平均值为 M＝23.00（SD＝1.73），实验后为 M＝32.33（SD＝8.5），平均增长了将近 10 个句子。在词语数量上出现了显著性变化，实验前为 M＝152.67（SD＝12.66），实验后为 M＝244.67（SD＝29.02），平均多使用了将近 100 个词语，这可能是因为过程与策略写作教学在写作前的构思环节以及共建文本的方式给了学生更多的想法，丰富了表达的内容，因此他们在实验后的写作中使用更多的词语来表达更多的内容。完整句比例的平均值从实验前的 M＝59.33％（SD＝23.44），增长到实验后的 M＝93.67％（SD＝4.93），增长将近 100％，并且其标准差大大减小，说明第一组的三位听障小学生在完整句使用上的差距越来越小。非句比例的平均值由实验前的 M＝27.00％（SD＝14.93），减少到 M＝1.67％（SD＝1.53），这说明高语言组听障小学生在实验后，记叙文中几乎不再出现非句，另外实验后标准差为 1.53，这意味着可能三位学生中只有一位学生使用了非句，其他两位的非句使用率为 0％。三个平面的有效词语使用率（WER 1、WER 2、WER 3）在实验后都增长到了 90％以上，且标准差都比实验前要小很多，说明第一组学生的有效词语不仅数量上在增长，且三人之间的差距越来越小。

表 5.3　第一组记叙文结构层面实验前后对比

对比项	时间	平均值（M）	标准差（SD）
句子数量	实验前	23.00	1.73
	实验后	32.33	8.50
词语数量	实验前	152.67	12.66
	实验后	244.67	29.02
完整句比例（%）	实验前	59.33	23.44
	实验后	93.67	4.93
非句比例（%）	实验前	27.00	14.93
	实验后	1.67	1.53
WER 1（%）	实验前	55.33	25.15
	实验后	92.00	3.00
WER 2（%）	实验前	71.00	15.13
	实验后	97.67	2.52
WER 3（%）	实验前	94.33	3.51
	实验后	99.67	0.58

第二组（中语言组）听障小学生记叙文结构层面的 7 项内容在实验后均出现了显著变化（见表 5.4）。在句子数量上，实验前平均值为 M＝23.00（SD＝10.43），实验后为 M＝47.66（SD＝7.94），增长了一倍多。词语数量上，实验前的平均值为 M＝131.83（SD＝83.40），实验后为 M＝292.50（SD＝41.72），在绝对值上翻了 1 倍多，且标准差在缩小，说明第二组听障小学生间记叙文的词语数量差距缩小。完整句和非句的比例在实验前后出现了反转的趋势，完整句比例由 17.33% 增长为 65.33%，非句比例由 54.50% 减少到了 16.67%，说明学生对语法的运用能力有了大幅度提高。在有效词语使用率上，每个平面都增长了。以上数据表明，过程与策略写作教学模式对可以使用手语但不能用汉语清晰表达的听障小学生来说，在结构层面能够产生较为显著的积极作用。说明过程与策略写作教学模式中涉及的语言知识

教学，尤其是写作中的"转换"环节，以及课前或课后的语法"锦囊"可以很好地帮助听障小学生提升语言使用能力。

表 5.4   第二组记叙文结构层面实验前后对比

对比项	时间	平均值（M）	标准差（SD）
句子数量	实验前	23.00	10.43
	实验后	47.66	7.94
词语数量	实验前	131.83	83.40
	实验后	292.50	41.72
完整句比例（%）	实验前	17.33	10.01
	实验后	65.33	8.64
非句比例（%）	实验前	54.50	10.15
	实验后	16.67	7.76
WER 1（%）	实验前	17.33	17.51
	实验后	62.17	11.14
WER 2（%）	实验前	43.17	9.15
	实验后	81.33	7.84
WER 3（%）	实验前	72.83	14.93
	实验后	91.17	4.83

第三组听障小学生记叙文结构层面的 7 个方面在实验后均有显著的变化（见表 5.5）。句子数量由实验前的 $M=7.50$（$SD=1.91$）提高到实验后的 $M=22.00$（$SD=9.05$），平均增长了 14.50 个句子。词语数量上，实验前的平均值为 $M=43.25$（$SD=12.28$），实验后变为 $M=140.75$（$SD=48.84$），平均增加了 97.50 个词语。完整句比例从 $M=11.50\%$（$SD=15.59$）增长到 $M=52.25\%$（$SD=25.58$）。非句比例从 64.25% 减少到 22.00%。三个平面的有效词语使用率均增长了 30%～50%。说明过程与策略写作教学模式对语言水平较低的听障小学生的记叙文写作有较大的帮助。

表 5.5   第三组记叙文结构层面实验前后对比

对比项	时间	平均值（M）	标准差（SD）
句子数量	实验前	7.50	1.91
	实验后	22.00	9.05
词语数量	实验前	43.25	12.28
	实验后	140.75	48.84
完整句比例（%）	实验前	11.50	15.59
	实验后	52.25	25.58
非句比例（%）	实验前	64.25	38.20
	实验后	22.00	14.94
WER 1（%）	实验前	9.25	11.59
	实验后	48.00	24.34
WER 2（%）	实验前	26.50	29.92
	实验后	71.25	21.78
WER 3（%）	实验前	47.25	16.50
	实验后	79.75	14.10

5.1.1.3   小   结

我们对 13 位听障小学生的记叙文在结构层面实验前和实验后的表现进行了对比分析。结果显示，当 13 位听障小学生作为一个整体时，其记叙文在实验后出现了显著性变化（$p < 0.05$）。当我们分组观察听障小学生在实验前后的表现时，我们发现，每组学生在记叙文的 7 个方面都有进步，如图 5.1所示。

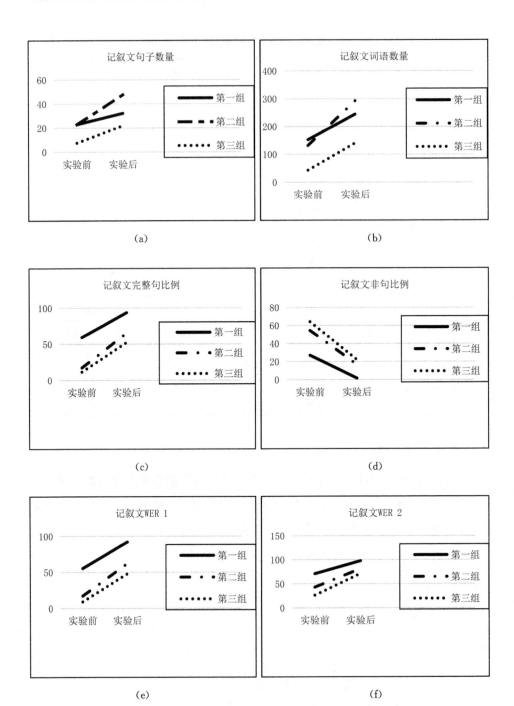

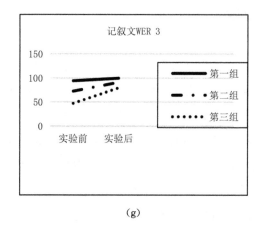

(g)

图 5.1　三组听障小学生记叙文结构层面实验前后对比

从结构层面的 7 个方面来看，除句子数量和词语数量外，三组学生在其他 5 个方面的表现基本呈平行向上发展的趋势（非句比例为平行向下发展），这说明过程与策略写作教学模式在三组学生的记叙文结构层面产生了大致相同的积极作用。而在句子数量和词语数量上，第一组和第二组学生在实验前后出现了交叉的情况。可能是因为第二组的 6 位学生在共建写作时收获了更多的写作素材，丰富了自己的写作内容，因此使用了更多的词语和句子；而第一组学生则没有在实验后的记叙文中加入更多的内容。

从三组听障小学生的表现上来看，相比于第二组和第三组，第一组学生的进步程度较小，这可能是因为第一组听障小学生本身的语言表达水平就比较高，在进行过程与策略写作教学模式干预前，他们已经可以用汉语清晰地表达内容，因此在句子数量、完整句比例、非句比例，以及有效词语使用率上本身就已经处于较高的水平，作文中的语法和词汇错误较少。而本书的过程与策略写作教学模式对结构层面的教学设计主要是针对汉语表达水平较低的学生，所以对第一组学生的不会造成太大的影响。我们以第一组 JKK 同学在实验前后的记叙文为例，来说明这一情况。

JKK 实验前记叙文：

美丽的北海公园

假期，爸爸妈妈带我又一次游览了一个我最喜欢的地方——北海公园。

一进北海公园大门，首先映入眼帘的是一大片湖水，湖里还有几群鸭子，它们在湖里游来游去，快乐地捕鱼吃。再把目光移向高处，就看见了高高的白塔，这个白塔是清朝时期建的，非常高大，雄伟。沿着湖边走，就来到了九龙壁，九龙壁是用彩色琉璃转砌成的，色彩鲜明，造型美观，两面各有蟠龙九条，形态刻画得栩栩如生，各有特色。

北海公园真是湖光山色、一步一景，历史悠久，我爱北海公园，我还会再来的。

JKK 实验后记叙文：

春游朝阳公园

今天，阳光灿烂、风和日丽，我和同学们一起去朝阳公园春游。

一进朝阳公园的大门，首先映入眼帘的是一个大花坛，花坛里有许多五颜六色的花，非常美丽。在花坛的不远处有一个七彩喷泉，喷泉的水从赤橙黄绿青蓝紫七种颜色的台阶流下，从远处看就像一道美丽的彩虹。离开喷泉往里走就来到了和平纪念碑前，我们在纪念碑前合了影。

朝阳公园真大呀，我们走在绿树成荫的小路上，沿途看到了大片大片的郁金香，婀娜多姿竞相开放，美不胜收。来到了繁花似锦的樱花谷，远远看去，樱花白的、粉的交织在一起，在蓝天映照下灿若云霞。继续往东走就来到了北京和平墙，和平墙总长 60 米，象征着世界反法西斯战争胜利 60 周年。我们在和平墙前升旗、宣誓、开队会。老师告诉我们，"北京和平墙"是中国人民、世界人民向往和平，追求美好生活的象征。

美好的时光总是过得很快，时间到了，我们恋恋不舍地离开了朝阳公园，我一定会再来的！

通过 JKK 同学的两篇记叙文，我们可以看出，无论是在实验前还是实验后，其语言结构表达没有太大差异，两篇作文使用的绝大部分句子都是完整句，瑕疵句较少，几乎没出现非句和无效词语。

因此我们认为在接受过程与策略写作教学模式干预后，三组学生的记叙文在结构层面均有显著性变化，大致呈现出平行上升的趋势，且过程与策略写作教学在记叙文结构层面对第二组、第三组听障小学生的影响要大于第一组听障小学生。

5.1.2　说明文结构层面

5.1.2.1　整体结果

与记叙文结构层面整体统计的方法一样，在说明文部分我们同样采用配对样本 t 检验的方法，来了解过程与策略写作教学模式对听障小学生说明文语言结构的影响。t 检验结果如表 5.6 所示。

数据显示，13 位听障小学生在实验前和实验后说明文结构层面的 7 项内容均存在显著性变化（$p<0.05$）。

在句子数量上，实验前 13 位听障小学生记叙文中的平均句子数量为 M=14.31（SD=4.73），实验后为 M=24.92（SD=9.21），实验后的句子数量比实验前平均多出 10.61 个。词语数量上，实验前说明文的平均总体数量为 M=92.00（SD=40.34），实验后为 M=186.00（SD=70.17），实验后的说明文词语数量比实验前平均多出 94.00 个，超出了一倍多。在完整句比例上，实验前为 M=24.77%（SD=19.92），实验后为 M=55.85%（SD=24.57），实验后的平均值是实验前的两倍多。在非句比例上，实验前的平均值为 M=49.77%（SD=21.38），实验后为 M=20.53%（SD=15.67），实验后比实验前的非句比例平均减少了 29.24%。在完整句中的有效词语使用率（WER 1）上，实验前的平均值为 M=17.92%（SD=14.21），实验后为 M=53.15%（SD=26.05），实验后约为实验前的 3 倍。在完整句和瑕疵句中的有效词语使用率（WER 2）上，实验前的平均值为 M=46.85%（SD=22.36），实验后为 M=76.15%（SD=18.27），增长了 29.30%。在全文有效词语使用率（WER 3）上，实验前的平均值为 M＝71.92％（SD＝16.44），实验后为 M＝86.38％（SD＝14.06），平均增长了 14.46％，并且标准差在缩小，说明 13 位听障小学生在词语有效使用率上的差距在逐渐缩小。

表 5.6　说明文结构层面配对样本 t 检验

对比项	时间	平均值（M）	标准差（SD）	t	p
句子数量	实验前	14.31	4.73	−3.457	0.005
	实验后	24.92	9.21		
词语数量	实验前	92.00	40.34	−4.594	0.001
	实验后	186.00	70.17		
完整句比例	实验前	24.77	19.92	−5.921	0.000
	实验后	55.85	24.57		
非句比例	实验前	49.77	21.38	6.287	0.000
	实验后	20.53	15.67		
WER 1	实验前	17.92	14.21	−6.180	0.000
	实验后	53.15	26.05		
WER 2	实验前	46.85	22.36	−6.266	0.000
	实验后	76.15	18.27		
WER 3	实验前	71.92	16.44	−3.253	0.007
	实验后	86.38	14.06		

注：表中完整句比例、非句比例、WER 1、WER 2、WER 3 此 5 项的平均值和标准差数据皆为百分比数据。

表 5.6 显示经过过程与策略写作教学模式干预后，13 位听障小学生在说明文的语言结构方面的表现有了明显提高，说明过程与策略写作教学模式对听障小学生说明文的语言结构可以产生积极、显著的影响。

5.1.2.2　分组结果

对不同组听障小学生说明文结构层面的 7 项内容在实验前后的配对样本 t 检验结果如下（见表 5.7）。

表 5.7　第一组说明文结构层面实验前后对比

对比项	时间	平均值（M）	标准差（SD）
句子数量	实验前	16.00	4.58
	实验后	32.33	2.30
词语数量	实验前	89.00	58.41
	实验后	243.67	23.07
完整句比例（%）	实验前	47.33	15.50
	实验后	84.67	8.62
非句比例（%）	实验前	23.33	16.26
	实验后	5.67	7.37
WER 1（%）	实验前	38.33	12.66
	实验后	85.67	8.33
WER 2（%）	实验前	74.67	16.62
	实验后	94.33	6.66
WER 3（%）	实验前	91.33	5.51
	实验后	98.67	1.53

表 5.7 显示，实验后，第一组听障小学生的说明文在句子数量、词语数量、完整句比例，以及三个平面有效词语使用率上均有显著提升。这可能是由说明文的特点以及我们的教学内容决定的。相较于记叙文和议论文，说明文的难度在二者之间，所以听障小学生在实验前的说明文写作篇幅较记叙文短，而我们在一个学期的写作教学中，对说明文教学所占时间最多，共完成了 3 篇说明文的课堂写作教学，而记叙文和议论文都只有 1 篇，所以在学生明白了何为说明文，以及说明文需要包含哪些内容后，学生变得有话可写，篇幅就会变长，相应的句子数量和词语数量也会增加。另外，随着第一组学生语言知识的增长，他们说明文中的完整句数量会增加，相应的有效词语使用率（WER 1）也会提高。

表 5.8　第二组说明文结构层面实验前后对比

对比项	时间	平均值（M）	标准差（SD）
句子数量	实验前	12.33	5.07
	实验后	26.50	8.24
词语数量	实验前	106.33	40.78
	实验后	185.67	59.73
完整句比例（%）	实验前	22.83	19.42
	实验后	48.00	18.00
非句比例（%）	实验前	59.00	15.05
	实验后	22.17	13.93
WER 1（%）	实验前	10.67	7.99
	实验后	45.67	20.11
WER 2（%）	实验前	35.33	18.49
	实验后	74.67	15.36
WER 3（%）	实验前	71.67	12.85
	实验后	85.50	11.04

　　表 5.8 展示的是第二组听障小学生的说明文在实验前和实验后的表现。我们发现，该组学生在句子数量、词语数量、完整句比例、非句比例，以及三个平面有效词语使用率共 7 个方面均出现了显著性变化。这说明过程与策略写作教学模式对可以用手语但不能用汉语清晰表达的听障小学生的说明文写作可以产生较为显著的积极影响。我们以 MR 实验前后的说明文为例，来形象地展示二者之间的差距。

MR 实验前说明文：

我的学校

我们在北京××××学校上学，我们的学校非常大。

我有介绍学校啦，一共有六层，地上有二楼，我们上五年级了，我们长大了，我们要好好学习，天天向上，学校里面有好多好多的叶子。等过几天春游的时候，给你们好吃的。

我们要好好写作业，有语文、数学、英语、科学，等等我们一定要完成作业，加油！

MR 实验后说明文：

无比美丽的学校

我们的学校是聋哑特殊学校，我们在北京××××学上学，学校在北京市西城区新街口。我们学校有 1 栋大楼，地上有六层，地下有三层。楼前是操场我们可以在操场上玩，操场四周是高高的铁围墙，操场里面有篮球架，地下车库里有老师们的汽车。我们还有地下篮球场非常大，里面有乒乓球、羽毛球、毽子、等等，体育运动器材。地下还有餐厅，我们快乐的在餐厅里吃饭。一楼是一到三年级、二楼是四到七年级、三楼八到十年级、四楼十一到十五年级、五楼是会议室和多功能厅，我们在这里，学习知识、读书。学校里的老师对我们像爸爸妈妈一样。

我爱我们的学校，我们的学校真是无比美丽的学校。

表 5.9 显示，实验后第三组听障小学生的说明文在结构层面的 6 个方面（非句比例除外）都有或多或少的提升，尤其是词语数量和完整句比例两个方面，较实验前进步较大。

表 5.9　第三组说明文结构层面实验前后对比

对比项	时间	平均值（M）	标准差（SD）
句子数量	实验前	16.00	4.24
	实验后	17.00	8.87
词语数量	实验前	72.75	23.44
	实验后	143.25	87.37

续表

对比项	时间	平均值（M）	标准差（SD）
完整句比例（%）	实验前	10.75	4.43
	实验后	46.00	27.24
非句比例（%）	实验前	55.75	18.93
	实验后	29.25	17.15
WER 1（%）	实验前	13.50	6.81
	实验后	40.00	24.37
WER 2（%）	实验前	43.25	13.75
	实验后	64.75	20.09
WER 3（%）	实验前	57.75	11.87
	实验后	78.50	18.74

5.1.2.3 小 结

我们对 13 位听障小学生的说明文在结构层面实验前和实验后的表现进行了对比分析。结果显示，当 13 位听障小学生作为一个整体时，其说明文在实验后出现了显著性变化（$p < 0.05$）。当分组观察听障小学生在实验前后的表现时，我们发现，每组学生在说明文的 7 个方面都有进步，如图 5.2 所示。

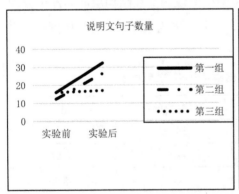

(a)

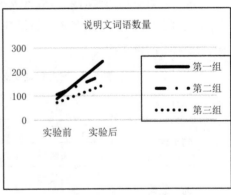

(b)

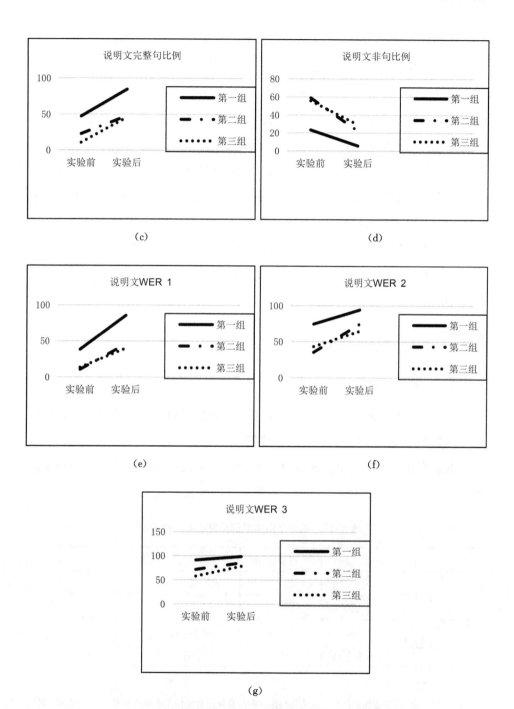

图 5.2　三组听障小学生说明文结构层面实验前后对比

从结构层面的 6 个方面（非句比例除外）来看，三组听障小学生在说明文的每个方面都呈现上升的趋势，但是上升的幅度各有不同。在句子数量上，第三组在实验前后基本持平，而第一、二组上升趋势曲线大致平行，且上升幅度明显。在词语数量上，第二、三组上升趋势曲线大致平行，上升幅度小于第一组。在完整句比例上，第一、三组上升趋势曲线基本平行，第二组上升幅度略小。在非句比例上，第二组下降幅度最大，第一、三组下降趋势曲线基本平行，下降幅度小于第二组。在三个平面的有效词语使用率上，三组学生的上升幅度大致相同。

从三组听障小学生的表现上来看，三组学生在不同方面的进步程度不同，整体提升程度大致相同。这说明过程与策略写作教学模式在三组学生的说明文结构层面产生了大致相同的积极作用。

5.1.3 议论文结构层面

5.1.3.1 整体结果

由于我们只收集到 12 位听障小学生[①]在实验前和实验后的议论文，因此本节的数据为 12 位学生的作文统计结果。

我们利用 SPSS 24.0 的配对样本 t 检验，对 12 位听障小学生的议论文结构分析结果进行数据分析，得出如下结果（见表 5.10）。

表 5.10　议论文结构层面配对样本 t 检验

对比项	时间	平均值（M）	标准差（SD）	t	p
句子数量	实验前	21.00	9.85	−1.306	0.218
	实验后	28.42	13.76		
词语数量	实验前	110.58	38.03	−2.673	0.022
	实验后	190.08	91.78		

---

①　MR 同学没有参加实验后的议论文写作。由于实验前后的作文数量必须相同，才能进行对比分析，因此我们也没有将 MR 同学在实验前的议论文统计在内。

续表

对比项	时间	平均值（M）	标准差（SD）	t	p
完整句比例	实验前	33.17	24.56	−5.556	0.000
	实验后	67.08	23.60		
非句比例	实验前	52.25	18.42	6.026	0.000
	实验后	15.25	12.77		
WER 1	实验前	31.33	24.65	−5.726	0.000
	实验后	67.00	23.25		
WER 2	实验前	44.42	20.17	−5.709	0.000
	实验后	79.25	17.10		
WER 3	实验前	69.83	17.61	−5.369	0.000
	实验后	88.75	10.60		

注：表中完整句比例、非句比例、WER 1、WER 2、WER 3 此 5 项的平均值和标准差数据皆为百分比数据。

表 5.10 显示，除句子数量（$p > 0.05$）外，其他 6 项内容均存在显著性变化（$p < 0.05$）。

在句子数量上，实验前的平均值为 M＝21.00（SD＝9.85），实验后为 M＝28.42（SD＝13.76），仅从数量上来看，实验后比实验前的议论文平均多出了 7.42 个句子，没有记叙文和说明文的差别明显，因此其 t 检验的结果也不显著。说明本次教学实验并没有对听障小学生议论文中的句子数量产生较为显著的积极作用。议论文是听障小学生接触最晚，也是最为困难的一种体裁。在实验前的测试中，很多学生不知何为议论文，有时在没有教师的指导下可能连一句话都写不出来，即使接受指导后，可能学生也只能写出几句亮明观点的话，无法或很难对自己的观点进行论证分析，因此整个篇幅就会很短。我们通过对语料的分析也发现，相较于记叙文和说明文，听障小学生的议论文一般较短。另外，听障小学生由于听力受损，对视觉依赖较大，造成他们对空间以及感性的事物较为敏感，而对时间和理性的事物相对感知较少。议论文在写作体裁中属于理性论证较多的体裁，因此对听障小学生来说较为困难。

在词语数量上，实验前的平均值 M＝110.58（SD＝38.03），实验后 M＝190.08（SD＝91.78），虽然实验后要比实验前的议论文平均多出 79.50 个词语，但是实验后的标准差为 91.78，说明 12 位听障小学生在词语数量的使用上表现出较大的差异。我们发现实验后的议论文中，HYJ 同学使用的词语数量最多，是 322 个词，WXH 同学使用的词语数量最少，是 55 个词，两人的差距较大。在完整句的使用比例上，实验前议论文中的平均值 M＝33.17%（SD＝24.56），实验后 M＝67.08%（SD＝23.60），增长了一倍多。非句使用比例方面，实验前为 M＝52.25%（SD＝18.42），占整篇作文的一半；实验后 M＝15.25%（SD＝12.77），仅占全文的 15% 左右，进步较为明显。在完整句中的有效词语使用率（WER 1）上，实验前的平均值为 M＝31.33%（SD＝24.65），实验后为 M＝67.00%（SD＝23.25），实验后为实验前的两倍多。在完整句和瑕疵句中的有效词语使用率（WER 2）上，实验前的平均值为 M＝44.42%（SD＝20.17），实验后为 M＝79.25%（SD＝17.10），不仅绝对值增长了 34.83%，其标准差也在减小，说明学生均有进步，且相互间差距在缩小。在全文的有效词语使用率上，实验前的平均值为 M＝69.83%（SD＝17.61），实验后为 M＝88.75%（SD＝10.60），平均增长了 18.92%，并且标准差也在缩小。

5.1.3.2 分组结果

以上是对 12 位听障小学生实验前后整体情况的对比，本节我们关注不同语言水平的学生在经过过程与策略写作教学模式干预后的写作能力变化情况，我们依然采用配对样本 t 检验的方法。

通过表 5.11，我们发现第一组在实验后，其议论文结构层面的平均值有较大变化。由于第一组听障小学生的语言表达水平较高，在进行过程与策略写作教学模式干预前，他们已经可以用汉语清晰地表达内容，因此在句子数量、词语数量、完整句比例，以及完整句和瑕疵句的有效词语使用率上本身就已经处于较高的水平，作文中的语法和词汇错误较少。而过程与策略写作教学模式对结构层面的教学设计主要是针对汉语表达水平较低的学生，所以对第一组学生不会造成太大的影响。但是第一组听障小学生仍可以从语言知识教学中获益，例如其 WER 3 在实验前的平均比例为 89.33%，实验后提高到 98.33%，接近 100%。也就是说实验后第一组学生的作文中几乎不会出现无效词语。例如某些在实验前不会用的固定短语和复句结构（"从……起，一……就……，只有……才……"等），在实验后便可以掌握，这些都是语言知识增长的反映。

表 5.11　第一组议论文结构层面实验前后对比

对比项	时间	平均值（M）	标准差（SD）
句子数量	实验前	16.33	5.86
	实验后	29.33	6.51
词语数量	实验前	104.67	44.47
	实验后	203.33	54.00
完整句比例（%）	实验前	68.00	13.45
	实验后	90.33	7.02
非句比例（%）	实验前	29.67	13.01
	实验后	5.00	5.57
WER 1（%）	实验前	67.00	12.12
	实验后	88.67	7.77
WER 2（%）	实验前	69.00	13.07
	实验后	94.33	4.61
WER 3（%）	实验前	89.33	3.05
	实验后	98.33	2.08

第二组听障小学生实验后在议论文结构层面的表现显示，实验后的各项内容平均值相较于实验前都有较为明显的变化（见表 5.12），说明过程与策略写作教学对第二组学生在语言结构上的影响较大。尤其是在完整句比例，以及三个平面的有效词语使用率上，其数值都翻了一番，这是由于在过程与

策略写作教学模式的"转换"环节，师生重点关注了如何将手语转换为汉语。这对于可以用手语但无法用汉语清晰表达的听障小学生来说，是学习汉语结构的重要机会。

表 5.12　第二组议论文结构层面实验前后对比

对比项	时间	平均值（M）	标准差（SD）
句子数量	实验前	21.80	13.39
	实验后	33.60	13.33
词语数量	实验前	115.00	48.31
	实验后	234.00	85.35
完整句比例（%）	实验前	30.80	10.13
	实验后	65.80	23.35
非句比例（%）	实验前	54.40	11.61
	实验后	21.80	9.82
WER 1（%）	实验前	28.00	9.82
	实验后	66.60	24.42
WER 2（%）	实验前	42.60	16.22
	实验后	80.80	13.48
WER 3（%）	实验前	71.40	13.05
	实验后	91.60	4.98

第三组听障小学生议论文结构层面，在实验后除了句子数量没有增长，其他 6 个方面在平均值上都有显著性变化。表 5.13 显示虽然句子数量没有变化，但是词语数量平均增长了 15.75 个，说明每个句子的长度在增长。另外，完整句比例、WER 1、WER 2 均有大幅度增长。证明了过程与策略写作教学模式对于汉语表达水平不高，或不会用汉语表达的学生的有效性。

表 5.13　第三组议论文结构层面实验前后对比

对比项	时间	平均值（M）	标准差（SD）
句子数量	实验前	23.50	7.94
	实验后	21.25	17.75
词语数量	实验前	109.50	28.38
	实验后	125.25	101.16
完整句比例（%）	实验前	10.00	3.92
	实验后	51.25	20.14
非句比例（%）	实验前	66.50	9.68
	实验后	14.75	14.86
WER 1（%）	实验前	8.75	5.50
	实验后	51.25	18.59
WER 2（%）	实验前	28.25	8.26
	实验后	66.00	18.71
WER 3（%）	实验前	53.25	12.37
	实验后	78.00	10.80

5.1.3.3　小　结

我们对 12 位听障小学生以及每组听障小学生的议论文在结构层面实验前和实验后的表现进行了对比分析。结果显示，当 12 位听障小学生作为一个整体时，除了句子数量外，其议论文的其他 6 项内容在实验后出现了显著性变化（$p < 0.05$）。当分组观察听障小学生在实验前后的表现时，我们发现，每组学生在议论文的 7 个方面都有进步，如图 5.3 所示。

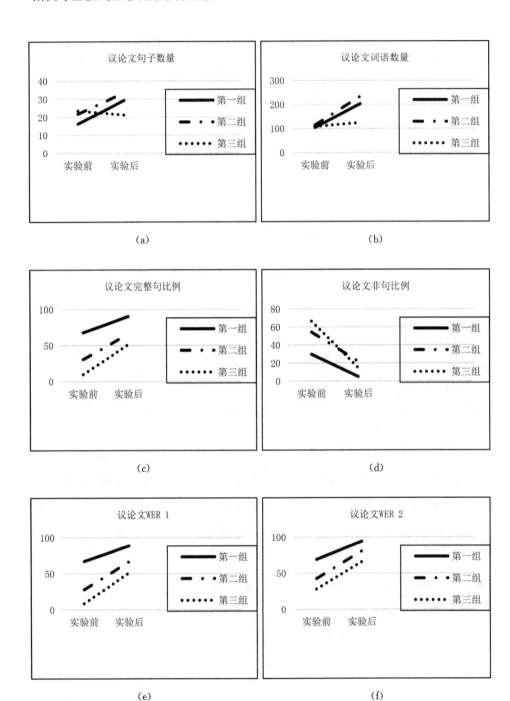

(a)

(b)

(c)

(d)

(e)

(f)

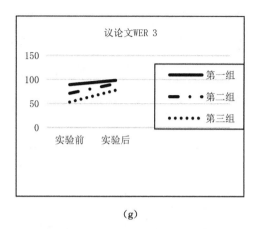

（g）

图 5.3　三组听障小学生议论文结构层面实验前后对比

5.1.4　小　结

我们分析了不同语言水平组的听障小学生在经过过程与策略写作教学模式干预后分别在记叙文、说明文、议论文上的变化，发现每组学生在三种体裁结构层面整体上有较大的进步。从结构层面来看，在句子数量和词语数量上，第三组学生实验前后基本没有变化，而第一、二组学生基本呈平行上升的趋势。这可能与议论文本身特点有关，议论文需要有论点、论据，而第三组学生甚至还不能用手语清晰地表达想法，用汉语写议论文对他们来说是很大的挑战。在完整句比例、非句比例，以及三个平面词语有效使用率上，三组学生都有显著性变化，基本呈平行上升或下降的趋势。

以下我们分析每组学生在每个体裁上的整体表现（组内比较），以及每个体裁上三组学生的对比（组间比较），以观察每组学生分别在哪个体裁上进步最大，以及每种体裁中哪组学生进步最大。在分析每个体裁的整体表现时，我们只统计完整句比例、非"非句"比例、WER 1、WER 2、WER 3 五项内容之和，不再统计词语数量和句子数量。原因有三，一是词语和句子的数量并不能直接反映学生的写作能力；二是我们统计的词语和句子是具体数值，

听障小学生过程与策略写作教学模式研究

而其他五项都是百分比；三是由于非句的数值与写作能力成反比，其他四项都是成正比，因此考虑到数值的统一，我们不统计非句的比例，而统计非"非句"的比例，计算方法为 1 减去非句的比例。组内和组间比较结果分别见图 5.4、表 5.14 和图 5.5、表 5.15。

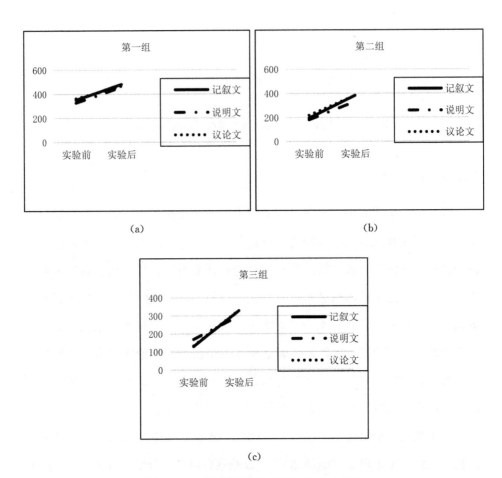

（a）　　　　　　　　　　（b）

（c）

图 5.4　三组听障小学生结构层面组内比较

150

表 5.14　三组听障小学生结构层面组内比较

第一组			
	实验前	实验后	差值
记叙文	352.99	481.34	128.35
说明文	328.33	457.67	129.34
议论文	363.66	466.66	103.00
第二组			
	实验前	实验后	差值
记叙文	209.16	383.33	174.17
说明文	181.50	331.67	150.17
议论文	218.40	383.00	164.60
第三组			
	实验前	实验后	差值
记叙文	130.25	329.25	199.00
说明文	169.50	300.00	130.50
议论文	133.75	331.75	198.00

　　表 5.14 和图 5.4 显示，从组内来看，第一组听障小学生说明文结构层面进步最大，其次是记叙文，再次是议论文。第二组和第三组听障小学生都是记叙文进步最大，其次是议论文，最后是说明文。说明过程与策略写作教学模式对三种体裁的结构层面均产生了影响。

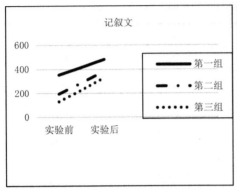

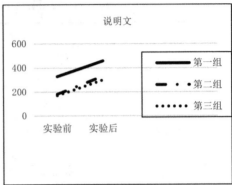

(a) (b)

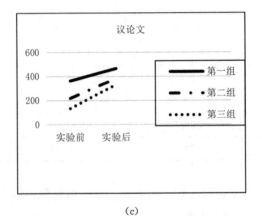

(c)

图 5.5　三组听障小学生结构层面组间比较

表 5.15　三组听障小学生结构层面组间比较

记叙文			
	实验前	实验后	差值
第一组	352.99	481.34	128.35
第二组	195.16	383.33	188.17
第三组	130.25	329.25	199.00

续表

说明文		
	实验前	实验后	差值
第一组	328.33	457.67	129.34
第二组	181.50	331.67	150.17
第三组	169.50	300.00	130.50

议论文		
	实验前	实验后	差值
第一组	363.66	466.66	103.00
第二组	218.40	383.00	164.60
第三组	133.75	331.75	198.00

表 5.15 和图 5.5 显示，从组间来看，记叙文和议论文结构层面进步最大的都是第三组，其次是第二组，再次是第一组。说明文进步最大的是第二组，其次是第三组，再次是第一组。这说明过程与策略写作教学模式对第三组也就是汉语表达水平最低的听障小学生的效果最明显，其次是第二组即可以用手语但不能用汉语表达的听障小学生，最后是第一组即可以用汉语清晰表达的听障小学生。这可能是由于第一组学生的汉语表达在实验前就已经处于较高水平，因此在结构层面的进步空间较小，而第三组学生实验前处于较低水平，有较大的进步空间。

5.2　听障小学生在内容层面的表现

我们根据第 4 章确定的内容层面的分析内容和标准分别对 13 位听障小学生实验前和实验后的作文进行内容分析，分析的内容包括题目的使用、话题的引入、话题的展开、话题的结尾、文章的连贯以及总分（满分 15 分①）

---

① 在第 4 章我们确定的内容层面的评分标准中，每项都以 3 分为最高分，0 分为最低分，共 5 项内容，因此内容层面的满分为 15 分。

6 项。

以下每节我们将使用 SPSS 24.0 的配对样本 t 检验对整体学生（13 位）在实验前和实验后的作文进行对比；再分别展示不同语言水平组学生在实验前和实验后的平均值和标准差。

5.2.1 记叙文内容层面

5.2.1.1 整体结果

我们使用 SPSS 24.0 对 13 位听障小学生在实验前和实验后的记叙文内容层面的数据进行配对样本 t 检验，得出如下结果（见表 5.16）。

在记叙文的题目，话题（引入、展开、结尾），连贯性以及总分方面，13 位听障小学生在实验后均比实验前有了显著性差别（$p < 0.05$）。具体表现为，在题目使用方面，在满分 3 分的前提下，实验前的平均得分为 M=0.23（SD=0.60），实验后为 M=2.00（SD=0.91），提高了 1.77 分；在话题引入方面，从 1.00 分（SD=0.91）提高到 2.00 分（SD=1.16）；在话题展开上，从实验前的 M=1.38（SD=0.87）提高到实验后的 M=2.23（SD=0.73），不仅平均值上升了，并且标准差减小了；话题结尾从 M=0.92（SD=0.86）提升到 M=2.31（SD=1.03），平均值提高了 1.39 分；在文章连贯方面，实验前的平均分为 M=1.00（SD=1.00），实验后为 M=1.92（SD=0.86），在分值提高的同时，学生的差距在缩小；内容层面的总分在满分 15 分的前提下，从实验前的 M=4.54（SD=3.53）变为实验后的 M=10.46（SD=3.57），总分平均提高了 5.92。从整体来说，过程与策略写作教学模式对听障小学生记叙文的内容层面产生了显著的积极作用。

表 5.16　记叙文内容层面配对样本 t 检验

对比项	时间	平均值（M）	标准差（SD）	t	p
题目使用	实验前	0.23	0.60	−7.667	0.000
	实验后	2.00	0.91		

续表

对比项	时间	平均值（M）	标准差（SD）	t	p
话题引入	实验前	1.00	0.91	-2.944	0.012
	实验后	2.00	1.16		
话题展开	实验前	1.38	0.87	-3.811	0.002
	实验后	2.23	0.73		
话题结尾	实验前	0.92	0.86	-5.196	0.000
	实验后	2.31	1.03		
文章连贯	实验前	1.00	1.00	-4.382	0.001
	实验后	1.92	0.86		
总分	实验前	4.54	3.53	-8.784	0.000
	实验后	10.46	3.57		

5.2.1.2　分组结果

本节我们关注不同语言水平组的听障小学生实验前后在记叙文内容层面的分值变化。

表 5.17　第一组记叙文内容层面实验前后对比

对比项	时间	平均值（M）	标准差（SD）
题目使用	实验前	1.00	1.00
	实验后	2.67	0.58
话题引入	实验前	2.00	1.00
	实验后	3.00	0.00
话题展开	实验前	2.33	0.58
	实验后	3.00	0.00
话题结尾	实验前	2.00	1.00
	实验后	3.00	0.00
文章连贯	实验前	2.33	0.58
	实验后	2.67	0.58

续表

对比项	时间	平均值（M）	标准差（SD）
总分	实验前	9.67	3.06
	实验后	14.33	0.58

表 5.18　第二组记叙文内容层面实验前后对比

对比项	时间	平均值（M）	标准差（SD）
题目使用	实验前	0.00	0.00
	实验后	2.17	0.98
话题引入	实验前	0.83	0.75
	实验后	1.83	1.17
话题展开	实验前	1.50	0.55
	实验后	2.33	0.52
话题结尾	实验前	0.67	0.52
	实验后	2.67	0.52
文章连贯	实验前	1.00	0.63
	实验后	2.17	0.41
总分	实验前	4.00	1.27
	实验后	11.17	1.33

表 5.19　第三组记叙文内容层面实验前后对比

对比项	时间	平均值（M）	标准差（SD）
题目使用	实验前	0.00	0.00
	实验后	1.25	0.50
话题引入	实验前	0.50	0.58
	实验后	1.50	1.29
话题展开	实验前	0.50	0.58
	实验后	1.50	0.58

续表

对比项	时间	平均值（M）	标准差（SD）
话题结尾	实验前	0.50	0.58
	实验后	1.25	1.26
文章连贯	实验前	0.00	0.00
	实验后	1.00	0.82
总分	实验前	1.50	1.29
	实验后	6.50	3.32

表5.17显示，实验后，第一组听障小学生的记叙文在内容层面的分值都有所提高，首先总分从实验前的 $M=9.67$（$SD=3.06$），提高到了实验后的 $M=14.33$（$SD=0.58$），接近满分（15分），并且标准差大大减小，说明第一组的三位听障小学生在内容层面的表达能力逐步接近。其次，在单项内容上，在题目使用上的分值变化最大，在满分3分的前提下，实验前平均分为 $M=1.00$（$SD=1.00$），实验后为 $M=2.67$（$SD=0.58$），提高了1.67分。另外，在话题的引入、展开、结尾，以及文章的连贯性上都有不同程度的提高。

表5.18显示，第二组听障小学生实验后的分值相较于实验前都有大幅度的提升。首先，在总分上，实验前的平均分为 $M=4.00$（$SD=1.27$），实验后为 $M=11.17$（$SD=1.33$），平均提高了7.17分。其次，在题目的使用上，由实验前的0分增长为实验后的2.17分，接近满分3分。在话题的引入上，实验后平均分增长了整整1分。另外，在话题的展开、结尾以及文章的连贯方面，实验后的分值都在2分之上，属于中高水平。

表5.19显示，同前两组听障小学生一样，第三组学生的记叙文也是在总分和题目的使用两个方面涨幅最大，其他方面也都有不同程度的增长。总分平均提高了5.00分，题目使用平均提高了1.25分，话题的引入、展开以及文章的连贯三个方面都是平均增长了1.00分，话题的结尾平均提高了0.75分。

5.2.1.3 小 结

以上两节我们使用配对样本 t 检验对 13 位听障小学生的记叙文进行了显著性分析。结果显示，在记叙文内容层面的 5 个方面，实验后均呈现显著性增长。之后我们对 13 位学生的记叙文按照语言分组观察，发现每组学生在内容层面的每个方面都有不同程度的提高，见图 5.6。

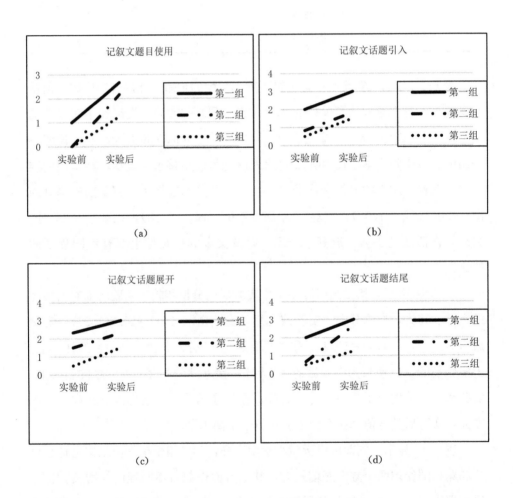

(a)

(b)

(c)

(d)

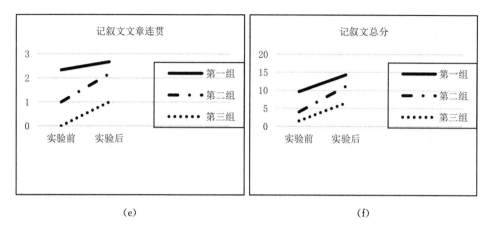

(e)　　　　　　　　　　　　　　　(f)

图 5.6　三组听障小学生记叙文内容层面实验前后对比

　　虽然每组学生在每项内容上都有提高，但涨幅不同。从内容层面来看，题目的使用和总分涨幅最大，其他几项内容涨幅基本相当，这是因为很多学生在实验前的作文中不写题目，他们没有意识到题目也是作文整体中不可缺少的一部分；而实验后听障小学生了解了作文的结构，明白了题目对作文的重要性，并且有意识地写出吸引人的题目。从分组来看，第二组听障小学生在每项内容上的涨幅都要高于第一组和第三组。这说明过程与策略写作教学模式对不同语言水平的学生，尤其是可以用手语但不能用汉语流利表达的听障小学生的记叙文内容层面的影响较为显著。

5.2.2　说明文内容层面

5.2.2.1　整体结果

　　我们对 13 位听障小学生说明文的内容分析结果进行了配对样本 t 检验，结果如表 5.20 所示。

　　在说明文的题目、话题（引入、展开、结尾）、连贯性以及总分方面，13 位听障小学生在实验后均比实验前有了显著性提高（$p < 0.05$）。具体表现为，在题目使用上，实验前的平均得分为 M＝0.46（SD＝0.52），实验后为 M＝2.31（SD＝0.75），平均提高了 1.85 分；话题引入方面，由平均得分

M＝0.46（SD＝0.52）增长为 M＝2.38（SD＝0.65），平均提高了 1.92 分；在话题展开上，实验前的平均分是 M＝1.00（SD＝0.82），实验后为 M＝2.46（SD＝0.52），平均增长了 1.46 分；话题结尾方面，由实验前的 M＝0.54（SD＝0.78）增长为实验后的 M＝1.92（SD＝1.26），平均提高了 1.38 分；在文章的连贯上，实验前的平均分为 M＝0.69（SD＝0.86），实验后为 M＝2.23（SD＝0.44），平均增长了 1.54 分，并且标准差在减小，说明 13 位学生在文章连贯性上的差距在缩小；总分方面，实验前的平均分为 M＝3.15（SD＝2.85），实验后为 M＝11.31（SD＝2.59），平均提高了 8.16 分。

表 5.20　说明文内容层面配对样本 *t* 检验

对比项	时间	平均值（M）	标准差（SD）	*t*	*p*
题目使用	实验前	0.46	0.52	−8.314	0.000
	实验后	2.31	0.75		
话题引入	实验前	0.46	0.52	−10.825	0.000
	实验后	2.38	0.65		
话题展开	实验前	1.00	0.82	−7.982	0.000
	实验后	2.46	0.52		
话题结尾	实验前	0.54	0.78	−4.185	0.001
	实验后	1.92	1.26		
文章连贯	实验前	0.69	0.86	−8.402	0.000
	实验后	2.23	0.44		
总分	实验前	3.15	2.85	−11.408	0.000
	实验后	11.31	2.59		

5.2.2.2　分组结果

不同语言水平组的听障小学生实验前后在说明文内容层面的分值变化如表 5.21 所示。

表 5.21 显示，第一组听障小学生在说明文的内容层面的分值在实验前后有明显的变化。总分由 6.67 分提高到 14.00 分，接近满分（15 分）；题目使

用方面，提高了 1.33 分；在话题引入上，提高了 2.33 分；在话题展开上，平均增长了 1.00 分；在话题结尾上，平均增长了 1.34 分；在文章的连贯上，平均提高了 1.33 分。

表 5.21　第一组说明文内容层面实验前后对比

对比项	时间	平均值（M）	标准差（SD）
题目使用	实验前	1.00	0.00
	实验后	2.33	0.58
话题引入	实验前	0.67	0.58
	实验后	3.00	0.00
话题展开	实验前	2.00	0.00
	实验后	3.00	0.00
话题结尾	实验前	1.33	0.58
	实验后	2.67	0.58
文章连贯	实验前	1.67	0.58
	实验后	3.00	0.00
总分	实验前	6.67	1.16
	实验后	14.00	1.00

表 5.22 显示，第二组听障小学生实验后的分值相比较实验前有了显著提高：总分平均提高了 7.83 分；在题目使用上，提高了 1.84 分；在话题引入上，平均增长了 1.83 分；话题展开方面，提高了 1.33 分；在话题结尾上，平均增长了 1.50 分；在文章连贯上，平均提高了 1.33 分。

表 5.22　第二组说明文内容层面实验前后对比

对比项	时间	平均值（M）	标准差（SD）
题目使用	实验前	0.33	0.52
	实验后	2.17	0.98

续表

对比项	时间	平均值（M）	标准差（SD）
话题引入	实验前	0.67	0.52
	实验后	2.50	0.55
话题展开	实验前	1.00	0.63
	实验后	2.33	0.52
话题结尾	实验前	0.50	0.84
	实验后	2.00	1.27
文章连贯	实验前	0.67	0.82
	实验后	2.00	0.00
总分	实验前	3.17	2.32
	实验后	11.00	2.53

表 5.23 显示，第三组听障小学生实验后在说明文内容层面的平均分有了显著提升，总分提高了 9.25 分，在题目使用上平均提升了 2.25 分，在话题引入上提高了 1.75 分，在话题展开上增长了 2.00 分，在话题结尾上提升了 1.25 分，在文章连贯上平均提高了 2.00 分。

表 5.23　第三组说明文内容层面实验前后对比

对比项	时间	平均值（M）	标准差（SD）
题目使用	实验前	0.25	0.50
	实验后	2.50	0.58
话题引入	实验前	0.00	0.00
	实验后	1.75	0.50
话题展开	实验前	0.25	0.50
	实验后	2.25	0.50
话题结尾	实验前	0.00	0.00
	实验后	1.25	1.50
文章连贯	实验前	0.00	0.00
	实验后	2.00	0.00

续表

对比项	时间	平均值（M）	标准差（SD）
总分	实验前	0.50	1.00
	实验后	9.75	2.22

5.2.2.3　小　结

根据配对样本 t 检验的结果，在说明文内容层面的表现上，实验后 13 位听障小学生比实验前有显著提高（$p < 0.05$）。分组数据显示，每组听障小学生实验后的各项内容平均值均高于实验前，见图 5.7。

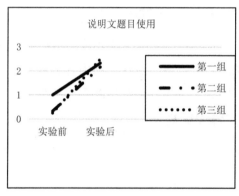

（a）

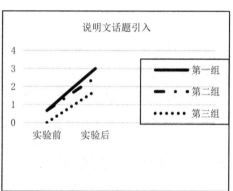

（b）

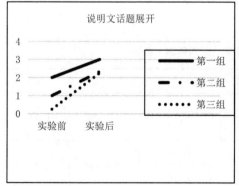

（c）

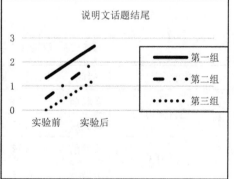

（d）

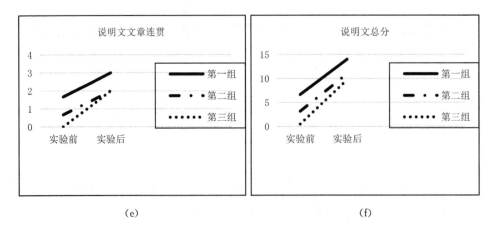

(e)   (f)

图 5.7   三组听障小学生说明文内容层面实验前后对比

从内容层面来看，考察的 6 项内容涨幅均较大，没有出现实验前后水平大致相同的情况。从语言水平分组的角度来看，第三组在每项内容上都有较大的提升，其次是第二组，再次是第一组。这说明过程与策略写作教学模式对语言水平较低的听障小学生说明文的影响最为显著。

5.2.3   议论文内容层面

5.2.3.1   整体结果

我们对 12 位听障小学生议论文的内容分析结果进行了配对样本 t 检验，结果如表 5.24 所示。

表 5.24   议论文内容层面配对样本 t 检验

对比项	时间	平均值（M）	标准差（SD）	t	p
题目使用	实验前	0.25	0.87	−8.403	0.000
	实验后	2.67	0.65		
话题引入	实验前	0.17	0.39	−6.197	0.000
	实验后	2.25	1.22		
话题展开	实验前	1.08	0.67	−9.574	0.000
	实验后	2.33	0.78		

续表

对比项	时间	平均值（M）	标准差（SD）	t	p
话题结尾	实验前	0.67	0.78	−4.062	0.002
	实验后	1.67	1.07		
文章连贯	实验前	1.00	0.74	−9.950	0.000
	实验后	2.50	0.80		
总分	实验前	3.17	2.69	−11.473	0.000
	实验后	11.42	3.53		

表 5.24 显示 12 位听障小学生的议论文内容表达在实验后均呈现显著性增长（$p<0.05$）。在总分上，实验前 M＝3.17（SD＝2.69），实验后为 M＝11.42（SD＝3.53），增长了 8.25 分；在题目使用上，实验前为 M＝0.25（SD＝0.87），实验后为 M＝2.67（SD＝0.65）；在话题引入上，实验前为 M＝0.17（SD＝0.39），实验后为 M＝2.25（SD＝1.22）；在话题展开方面，由实验前的 M＝1.08（SD＝0.67）提高到实验后的 M＝2.33（SD＝0.78）；在话题结尾上，实验后提高了 1.00 分；在文章连贯上，实验前 M＝1.00（SD＝0.74），实验后 M＝2.50（SD＝0.80）。虽然每个方面提高程度不完全一致，但都有显著性提高。这说明从听障小学生整体上来看，过程与策略写作教学模式对他们议论文的内容层面有较大的积极影响。

5.2.3.2　分组结果

在整体结果显著的前提下，我们分别对比了每组听障小学生实验前后在内容层面的得分。

表 5.25 显示，第一组听障小学生在议论文内容层面的分值实验前后有明显的变化，总分由 6.33 分提高到 13.67 分，接近满分（15 分）；题目使用方面，提高了 1.67 分；在话题引入上，提高了 2.33 分；在话题展开和话题结尾上，平均增长了 1.00 分；在文章连贯上，平均提高了 1.33 分。

表 5.25　第一组议论文内容层面实验前后对比

对比项	时间	平均值（M）	标准差（SD）
题目使用	实验前	1.00	1.73
	实验后	2.67	0.58
话题引入	实验前	0.67	0.58
	实验后	3.00	0.00
话题展开	实验前	1.67	0.58
	实验后	2.67	0.58
话题结尾	实验前	1.33	0.58
	实验后	2.33	0.58
文章连贯	实验前	1.67	0.58
	实验后	3.00	0.00
总分	实验前	6.33	2.52
	实验后	13.67	1.53

表 5.26 显示，第二组听障小学生实验后的分值较实验前有了显著提高。总分平均提高了 10.00 分；在题目使用上，从 0.00 分提高到 2.40 分；在话题引入上，从 0.00 分增长到 2.80 分；在话题展开方面，提高了 1.60 分；在话题结尾上，平均增长了 1.40 分；在文章连贯上，平均提高了 1.80 分。

表 5.26　第二组议论文内容层面实验前后对比

对比项	时间	平均值（M）	标准差（SD）
题目使用	实验前	0.00	0.00
	实验后	2.40	0.89
话题引入	实验前	0.00	0.00
	实验后	2.80	0.45
话题展开	实验前	1.20	0.45
	实验后	2.80	0.45

续表

对比项	时间	平均值（M）	标准差（SD）
话题结尾	实验前	0.80	0.84
	实验后	2.20	0.84
文章连贯	实验前	1.20	0.45
	实验后	3.00	0.00
总分	实验前	3.20	1.64
	实验后	13.20	1.79

表 5.27 显示，第三组听障小学生实验后在议论文内容层面的平均分有了明显提升，总分提高了 6.75 分，在题目使用上从 0.00 分平均提升到 3.00 分，在话题引入上从 0.00 分平均提高到 1.00 分，在话题展开上增长了 1.00 分，在话题结尾上提升了 0.50 分，在文章连贯上平均提高了 1.25 分。

表 5.27　第三组议论文内容层面实验前后对比

对比项	时间	平均值（M）	标准差（SD）
题目使用	实验前	0.00	0.00
	实验后	3.00	0.00
话题引入	实验前	0.00	0.00
	实验后	1.00	1.41
话题展开	实验前	0.50	0.58
	实验后	1.50	0.58
话题结尾	实验前	0.00	0.00
	实验后	0.50	0.58
文章连贯	实验前	0.25	0.50
	实验后	1.50	0.58
总分	实验前	0.75	0.96
	实验后	7.50	3.00

5.2.3.3 小 结

以上分别从整体和分组两个方面考察了过程与策略写作教学模式对听障小学生议论文内容层面的影响。整体结果显示，实验后，12 位听障小学生在议论文内容层面的 5 个方面均有显著提升。分组结果显示，每组听障小学生在实验后的平均得分均大大高于实验前（见图 5.8）。

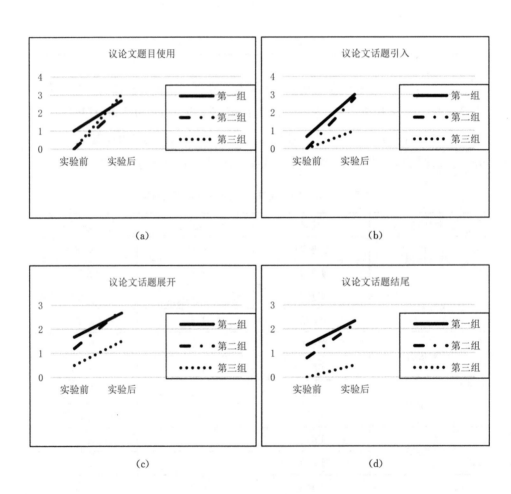

(a)　　　　　　　　　　　　　　　　(b)

(c)　　　　　　　　　　　　　　　　(d)

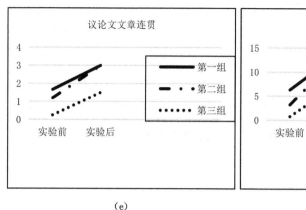
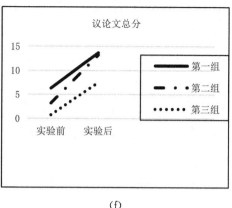

（e）　　　　　　　　　　　　　（f）

图 5.8　三组听障小学生议论文内容层面实验前后对比

5.2.4　小　结

我们分析了不同语言水平组的听障小学生在经过过程与策略写作教学模式干预后分别在记叙文、说明文、议论文上的变化，发现每组学生在三种体裁内容层面的 5 个方面均有较大的进步。从内容层面来看，在不同的方面，三组学生在实验前后都有提高，除第三组学生在话题的引入和结尾部分升幅相对较小外，其他方面三组学生的得分升幅均较大。从三组听障小学生的角度来分析，第一组和第二组学生在 5 个方面均呈现出大致相同的发展趋势，第三组学生在 5 个方面的变化有所不同，其中以题目使用方面变化最大，话题结尾方面变化最小。

以下我们分析每组学生在每个体裁上的整体表现（组内比较），以及每个体裁上三组学生的对比（组间比较），以观察每组学生分别在哪个体裁上进步最大，以及每种体裁中哪组学生进步最大。

图 5.9 和表 5.28 显示，第一组听障小学生在说明文和议论文的内容层面进步均较大，其次是记叙文。第二组听障小学生在内容层面进步最大的是议论文，其次是说明文，再次是记叙文。第三组听障小学生在内容层面进步最大的是说明文，其次是议论文，再次是记叙文。这说明过程与策略写作教学模式对说明文和议论文内容层面的影响较大，对记叙文内容层面的影响略微

小一些。这可能与作文体裁的特点有关，一般认为记叙文较为简单，其次是说明文，再次是议论文，学校写作教学大致也是按照"记叙文—说明文—议论文"这样的顺序进行的。记叙文通常是学生掌握较好的一种写作体裁，其次才是说明文和议论文。因此在实验前听障小学生的记叙文在内容表达方面已经处于一个相对较高的水平，进步空间就比较小；而对说明文和议论文的内容表达在实验前处于一个较低水平，因此进步空间较大。

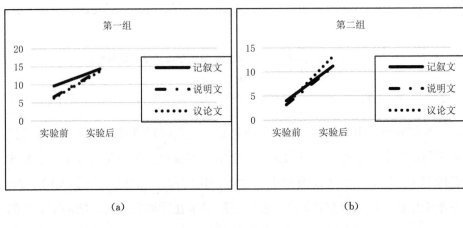

(a)   (b)

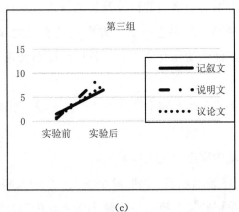

(c)

图 5.9　三组听障小学生内容层面组内比较

表 5.28　三组听障小学生内容层面组内比较

第一组			
	实验前	实验后	差值
记叙文	9.67	14.33	4.66
说明文	6.67	14.00	7.33
议论文	6.33	13.67	7.34
第二组			
	实验前	实验后	差值
记叙文	4.00	11.17	7.17
说明文	3.17	11.00	7.83
议论文	3.20	13.20	10.00
第三组			
	实验前	实验后	差值
记叙文	1.50	6.50	5.00
说明文	0.50	9.75	9.25
议论文	0.75	7.50	6.75

　　图 5.10 和表 5.29 显示，在记叙文的内容层面第二组听障小学生进步最大，其次是第三组和第一组；说明文中进步最大的是第三组，其次是第二组和第一组；议论文中第二组进步最大，其次是第一组和第三组。由此可见，在内容层面，过程与策略写作教学模式对第二组和第三组听障小学生的影响要大于第一组听障小学生。

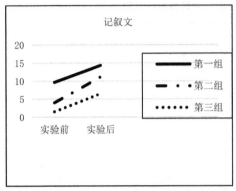

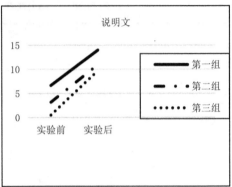

(a)　　　　　　　　　　　　　　　　　(b)

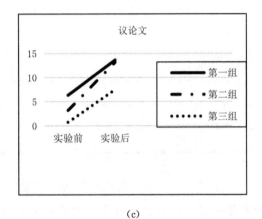

(c)

图 5.10　三组听障小学生内容层面组间比较

表 5.29　三组听障小学生内容层面组间比较

记叙文			
	实验前	实验后	差值
第一组	9.67	14.33	4.66
第二组	4.00	11.17	7.17
第三组	1.50	6.50	5.00

续表

说明文		
	实验前	实验后	差值
第一组	6.67	14.00	7.33
第二组	3.17	11.00	7.83
第三组	0.50	9.75	9.25

议论文		
	实验前	实验后	差值
第一组	6.33	13.67	7.34
第二组	3.20	13.20	10.00
第三组	0.75	7.50	6.75

5.3　听障小学生在写作感知层面的表现

本节主要为定性分析，对通过调查问卷、访谈以及观察三种方法收集到的数据和信息进行分析。

5.3.1　写作知识

本书关注的写作知识主要包括作文结构和写作步骤两项内容。我们主要通过调查问卷和观察的形式来获取有关听障小学生写作知识的信息。

我们发现，实验前只有第一组听障小学生大致了解作文的结构和写作的步骤，第二组的 HYJ 对作文的结构有初步的认识，其他学生对写作知识完全不了解。实验后的作答情况显示，几乎所有的学生都能对这两项内容进行作答，且正确率极高，只有第三组的 FQS 同学没有答出写作步骤，其他学生都能根据老师在写作课上讲的内容进行作答。之所以经过一个学期的教学实验，几乎所有的学生都能对概念性的内容有较为一致的认识，可能是由于以下两点。

首先，在进行作文结构讲解时，教师选用汉堡包的图片来比喻作文的结构，汉堡包的不同部分分别代表了作文的开头、正文和结尾，三者缺一不可，除此之外，作文还必须有题目，就如同汉堡包最上面的"芝麻"。我们使用这种简单、熟悉、形象的图片和事物来介绍抽象的概念，听障小学生很快就可以接受，并且还提高了课堂的参与度和听障小学生的学习兴趣。另外，为了帮助学生运用和记忆，教师会在每次上课时强调"汉堡包"结构。经过将近一个月的学习后，我们发现，听障小学生无论是在课堂上修改作文的环节，还是在课后看到别人的作文时，会首先观察题目、开头、正文、结尾四个部分，并指出其中缺失的部分。例如 FMH 同学从语文老师的办公室拿到四年级学生的作文时，告诉我们这篇作文"写得不好"，当我们问起原因时，他回答道："这篇作文没有题目，也没有开头和结尾。"这说明 FMH 已经掌握了作文的结构，并且会有意识地用于评判自己和他人的作文，那么他在写作时就不会出现缺失某部分的情况。

其次，根据我们设计的教学模式，写作包括了前、中、后三个阶段，每个阶段又包含了两个环节，共六个环节，分别为构思、组织、起草、转换、修改、定稿。但是考虑到我们的教学对象是五年级的听障小学生，在课堂上无法用这些抽象的词语进行教学，因此我们根据学生的语言特点，将每个环节都重新命名："构思"是"想一想"，"组织"是"排一排"（指对构思好的内容进行归类和排列），"起草"是"写一写"，"转换"和"修改"两个环节统称为"改一改"，"定稿"为"再写一遍"。为了帮助听障小学生记忆和运用，我们在每次写作课中都会强调这几个环节，所以学生较为熟悉。另外，由于课堂上我们主要进行了除"定稿"之外的几个环节，因此听障小学生没有在调查问卷中回答"再写一遍"。

除此之外，在实验后的调查问卷中，有 9 位学生表示"在写作课上学到了一些关于写作的知识"，有 4 位学生表示"学到了很多关于写作的知识"[①]，

---

① 在调查问卷中，该题目的形式如下：
我在写作课上＿＿＿＿收获。
A. 有很多　　　B. 有一些　　　C. 不确定　　　D. 基本没有　　　E. 完全没有

属于五级量表中的第一等级和第二等级。

整体来看，听障小学生在实验后的写作知识要比实验前丰富许多，对作文的结构以及写作的步骤有了初步的了解，并且会有意识地将其用于自己的写作和修改中，在一定程度上解决了"不会写"的问题。

5.3.2   写作难度感知

我们主要通过调查问卷和访谈的方式来了解学生在实验前后对写作难度的感知情况。调查问卷中的相应题目有两个：

(1) 当我在写作文的时候，我_____。

    A. 总是有很多话想写

    B. 有时有很多话可写，有时只能写一些话

    C. 总是只能写一些话

    D. 总是只能写很少的几句话

    E. 总是无话可写

(2) 每次写完作文后，我_____。

    A. 总是觉得自己写得非常好，非常满意

    B. 偶尔觉得自己写得很好

    C. 感觉自己写得一般

    D. 感觉自己写得不太好，不是很满意

    E. 感觉自己写得非常不好，非常不满意

13 位听障小学生对第一题的回答情况如表 5.30 所示：

表 5.30   听障小学生写作难度感知（一）

	HJY	JKK	MSY	FMH	HYJ	MR	WXP	XZS	ZXK	FQS	WMH	WXH	XL
实验前	B	B	B	C	A	A	B	B	D	D	E	D	C
实验后	B	B	A	B	A	A	B	B	C	B	C	B	C

实验前有 2 位听障小学生认为在写作文的时候，"我总是有很多话想写"，5 位学生认为"有时有很多话可写，有时只能写一些话"，2 位学生认为自己"总是只能写一些话"，3 位学生觉得"总是只能写很少的几句话"，1 位学生觉得自己"总是无话可写"。这种难度感知在实验后有了变化，实验后有 3 位学生认为在写作文的时候，"我总是有很多话想写"，7 位学生觉得自己"有时有很多话可写，有时只能写一些话"，3 位学生觉得"总是只能写一些话"，这说明经过一个学期的教学实验，我们基本上解决了听障小学生"无话可写"的困难。

13 位听障小学生对第二题的回答情况如表 5.31 所示：

表 5.31　听障小学生写作难度感知（二）

	HJY	JKK	MSY	FMH	HYJ	MR	WXP	XZS	ZXK	FQS	WMH	WXH	XL
实验前	C	B	C	C	A	C	B	C	E	C	B	E	E
实验后	C	A	B	B	A	A	B	C	B	C	B	D	B

实验前只有 1 位学生"总是觉得自己写得非常好，非常满意"，3 位学生"偶尔觉得自己写得很好"，6 位学生"感觉自己写得一般"，其他 3 位学生"感觉自己写得非常不好，非常不满意"。实验后这一情况有所改善，有 3 位学生"总是觉得自己写得非常好，非常满意"，6 位学生"偶尔觉得自己写得很好"，3 位学生"感觉自己写得一般"，只有 1 位学生"感觉自己写得不太好，不是很满意"，没有人认为自己总是写得非常不好，"非常不满意"。

另外在实验后的访谈中，很多学生表示课上老师所教的内容对他们写作文帮助很大，降低了写作的难度。例如 ZXK 在与我们交谈时说道："以前觉得写作文很难，现在不难了，知道写什么了，要写开头、正文和结尾。我平时看书，看到和我写的不一样的就抄下来，自己写的时候都可以用。"HJY也说道："我喜欢崔老师给我们上课，崔老师的作文课对我有帮助，现在觉得写作文不太难了，有话写了。"

无论是调查问卷的对比结果还是访谈中学生的回答都显示，经过一个学期的过程与策略写作教学模式干预后，13 位听障小学生在写作的难度感知上有所降低。

5.3.3　写作动机

在写作动机方面，调查问卷的结果在实验前和实验后没有特别显著的差别，大部分学生对写作的兴趣为"一般""不太喜欢"以及"不太想写"。访谈和观察的结果显示大部分听障小学生在实验后写作积极性有较大的提高，例如 JKK 同学在访谈中说道："以前很不喜欢写作文，因为每次写脑中都一片空白，不知道写什么，现在可以构思和组织，就有东西写，不害怕写作文了，感觉写作文有意思。"

另外观察结果也显示听障小学生的写作动机有变化，在实验过程中，他们渐渐明白写作文是表达，是交流，而不是完成老师布置的任务。例如在一次课堂教学时，教师布置的写作任务是"介绍我的家庭"。有一位学生问道："是自己写，还是分组写?"HJY 同学回答道："这个只能自己写，每个人写自己的家庭，因为大家的家庭都不一样，所以没有办法一起写。"这说明 HJY 同学明白了写作的真实目的是与读者交流，要告诉读者一些有关自己的信息，这个写作活动是真实的，写作内容也是真实的，而不是为了枯燥的、无意义的、被动的练习。

另外，观察结果还显示大部分学生喜欢分组写作，不喜欢独立写作，这可能是由于分组写作时大家可以集思广益，不会出现"无话可写"的问题，并且小组合作写作时可以相互修改，提高作文的整体质量。另外小组写作时学生可以分工合作，而不需要一个人独立完成所有的事情，对他们来说写作难度会减小很多，这也是为何很多学生喜欢分组写作的原因。

5.4　本章小结

本章针对导论部分提出的三个问题一一进行了回答。

（1）不同语言水平的听障小学生经过过程与策略写作教学模式干预后，在记叙文、说明文、议论文结构层面的写作能力是否都有了显著提升?

我们通过对 13 位听障小学生在实验前和实验后的汉语结构分析结果的配对样本 t 检验，发现听障小学生实验后的记叙文、说明文、议论文均比实验前有了显著性提升（$p < 0.05$）。另外，我们分别对三组听障小学生在实验前和实验后的记叙文、说明文和议论文的汉语结构分析结果进行了平均值比较，发现每组听障小学生在经过过程与策略写作教学模式干预后，其汉语结构分析结果都产生了较大的变化，在对比的 7 个方面数值都有较大提高，且三组学生的提高幅度曲线大致平行。说明不同语言水平的听障小学生在经过过程与策略写作教学模式干预后，在记叙文、说明文、议论文结构层面的写作能力都有显著提高。

从结构层面整体来看，过程与策略写作教学模式对记叙文、说明文、议论文的作用程度大致相当；但对第二组和第三组听障小学生的影响要大于第一组，也就是对汉语水平较低的听障小学生的积极作用要大于汉语表达水平较高的听障小学生。

（2）不同语言水平的听障小学生经过过程与策略写作教学模式干预后，在记叙文、说明文、议论文内容层面的写作能力是否都有显著提升？

SPSS 的配对样本 t 检验结果显示，13 位听障小学生的记叙文、说明文、议论文的内容分析结果在实验后均比实验前产生了较为显著的变化（$p < 0.05$）。我们对三组听障小学生实验前和实验后的汉语内容分析结果的分别比较也显示，每组学生的作文在实验后的内容表达都得到了较大的提高。说明不同语言水平的听障小学生经过过程与策略写作教学模式干预后，在记叙文、说明文、议论文内容层面的写作能力都有显著提升。

从内容层面的总分来看，过程与策略写作教学模式对说明文和议论文的积极作用要大于记叙文；同时对第二组和第三组听障小学生的影响要大于第一组听障小学生，即对汉语水平较低的听障小学生的积极作用要大于汉语表达水平较高的听障小学生。

（3）不同语言水平的听障小学生经过过程与策略写作教学模式干预后，在写作感知层面是否有变化？即在写作方面是否具备了更多的写作知识，表现出更小的难度感知，或更大的写作动机？

　　实验后大部分学生都认为通过写作课学到了"很多"或"一些"写作知识。他们掌握了作文的结构以及写作的步骤，基本解决了"不会写"的问题。在难度感知方面，实验后更多的听障小学生认为自己在写作时有话可写，并且对完成的作文感到满意，普遍反映这一个学期的作文课对他们的帮助很大。在写作动机方面，学生在实验后的写作动机有较大提升，他们觉得写作没有那么难了，自然就愿意写了。并且听障小学生明白了写作的意义和目的，他们明白了写作是主动地交流，而非被动地练习，他们将自己放在真实的写作语境中，他们"会写""有话写"，自然就"想写"了。

第6章 结 论

　　过程与策略写作教学模式是本书提出的针对听障小学生的写作教学模式。该模式以写作认知过程和认知策略理论为指导，根据汉语的特点，借鉴了写作认知策略教学、"早间新闻"、策略与互动写作教学三种英文写作教学模式。过程与策略写作教学模式的教学过程包含三个阶段、六个环节，具体为写作前的构思和组织环节、写作中的起草和转换环节、写作后的修改和定稿环节。同时该模式还确定了每个环节需要加工的信息，以及在信息加工时可利用的思维支架和视觉支架。

　　通过对北京某特殊学校五年级听障学生一个学期的教学实验，我们证明了过程与策略写作教学模式的有效性。该教学实验采用前后测设计、定量与定性相结合的分析方法，以探讨接受过程与策略写作教学模式干预的听障小学生在三个层面的能力是否有所提高。本书借鉴英语书面语结构分析工具设计了汉语结构分析工具，借鉴 2017 年美国"全国教育评估进展"设计了汉语内容分析工具，用来分析听障小学生的作文在结构层面和内容层面的表现，并利用 SPSS 的配对样本 t 检验分析实验前和实验后汉语结构分析工具和汉语内容分析工具中数据的变化；同时参考 Wolbers（2007）的分析框架，从写作知识、写作难度感知以及写作动机三个方面分析了写作感知层面的变化。定量研究结果表明，在结构层面和内容层面，不同语言表达水平的听障学生实验后的表现优于实验前，且汉语水平较低的听障学生的进步更为显著。鉴于特殊学校普遍存在的班级数量单一，班级人数较少，样本普遍不足，纯粹的定量研究结果存在一定的局限性，本书同时进行了定性研究，以考察听障学生在写作感知层面的变化。全覆盖的问卷、访谈以及课堂课后观察的结果显示，实验后听障学生对写作知识的掌握程度要高于实验前，对写作的难度感知低于实验前，写作动机也有所提升。

　　过程与策略写作教学模式的提出有助于补充特殊教育领域语言教学的理论与方法，为特殊学校教师提供了切实可行的课堂教学方法，较好地解决了听障小学生普遍存在的"不想写""无话写"和"不会写"的问题。

6.1　过程与策略写作教学模式的贡献

6.1.1　提高了听障小学生书面语结构表达能力

　　过程与策略写作教学模式对作文结构层面的影响较大，并且在记叙文、说明文、议论文结构层面的影响程度大致相当，但对汉语水平较低的听障学生的积极作用要大于汉语表达水平较高的听障学生。词语数量、句子数量、完整句比例和三个平面有效词语使用率（WER 1、WER 2、WER 3）的数值越大，说明写作能力越高，二者呈正相关关系；非句使用率越低，写作能力越高，二者呈负相关关系。三组听障学生实验后的记叙文、说明文、议论文在前六项上都有大幅度提升，在最后一项上大幅度下降，说明他们的写作能力在实验后有了较大的提高。王娟等（2015）的研究结果认为在没有特殊干预手段的前提下，3—5 年级听障学生书面语在句法结构上的表现并没有随着时间或年级的增长而提高。王梓雯等（2018）在探讨 4—6 年级听障学生日记句型和句法偏误时也表明年级（时间）影响作用并不显著。然而过程与策略写作教学模式对五年级听障学生的书面语产生了较为显著的影响，这进一步证明了这种教学模式的有效性。

6.1.2　提高了听障小学生书面语内容表达能力

　　题目的使用，话题的引入、展开、结尾，文章的连贯五项内容得分越高，代表写作能力越高。三组听障学生在记叙文、说明文、议论文的内容层面上实验前后都有显著的差异，并且说明文和议论文内容表达上的进步程度要大于记叙文的内容表达，同时汉语水平较低的听障学生的进步程度要大于汉语表达水平较高的听障学生。通过分析 13 位听障学生在实验后的作文，我们发现，每篇作文都有题目、开头、正文和结尾四个部分，在开头一般使用开门见山的方式引入话题，结尾会对文章进行简单的总结，并与开头呼应。另外相比实验前的作文，实验组听障学生写作时增加了许多细节描写，还会有意识地使用一些关联词和过渡句，以增强文章的连贯性，很好地解决了 Englert 等（1989）提出的听障学生写作中的"知识性陈述"这一问题。这种进步很大程度上受写作真实性这一原则的影响，过程与策略写作教学模式强调读者意识以及交流目的，在写作的各个环节都致力于为听障学生创设真实的语境，激发他们的写作兴趣和表达欲望。这与哈里森等（Harrison et al.，1991）的观点相似，他们认为当听障学生以与读者交流为目的进行写作时，他们的自信心和表达流利度都有所提高，不会出现怕出错而不敢写或无话写的情况。克鲁汶等（Kluwin et al.，1992）对 325 名 4—10 年级的听障学生进行了实验分析，认为当学生在写作时更关注交流的目的，而非拘泥于语法时，他们的写作会变得更加自由和轻松，也更愿意表达自己的想法。

6.1.3 平衡了听障小学生书面语结构和内容的教学比重

本书的教学模式对听障小学生作文的结构和内容两个层面均产生了较为积极的影响，主要原因在于六个环节很好地平衡了结构和内容两个方面的教学比重：写作前的构思和组织重在内容，写作中的起草和转换重在结构，写作后的修改和定稿二者兼顾，不会出现厚此薄彼或顾此失彼的状况。然而，传统的写作教学认为听障学生写作表现较差的主要原因在于他们对汉语语法和词汇知识掌握不足，只要学会了汉语的语法和词汇知识，就能写出好的作文，因此将教学重点放在词汇、语法的讲解和演练上，这很容易导致听障学生在作文中出现"前言不搭后语"的问题。Rose 等（2004）指出如果教师只专注于提高学生作文在结构层面的表现，那么内容层面则会受到影响，例如他们在文章的连贯性和话题的深入展开上都表现不佳；然而，以内容为重的教学又会导致更多的语法错误，使得听障学生的作文总是不尽如人意。因此 Mayer（1999）提出对写作的教学需要平衡结构和内容两个层面的比重，过程与策略写作教学模式正是在这一思想的指导下形成的。

6.1.4 其他贡献

在写作时长上，我们发现实验后约为实验前的两倍。根据我们的记录，在实验前的测验中，13 位听障小学生写作用时最短的为 25 分钟，最长的为 30 分钟。然而，在实验后的测试中，用时最短的为 50 分钟，其中动笔前的构思和组织环节占据了将近三分之一的写作时间，而这两个环节在实验前的写作中是不存在的。这说明实验后听障小学生基本掌握了写作的认知过程和认知策略，并能将其主动运用于自己的写作活动中。

听障小学生在实验后的作文内容明显丰富、连贯了很多。他们在起草环节会有意识地增加一些细节描写，并且使用一些关联词和过渡句，深入展开写作话题。此外，值得注意的是，相比实验前，实验后的作文中有很多涂改、增添和删减的痕迹。这说明听障小学生经过一个学期的教学实验，在写作过程中有了自我监控的意识。这也是听障小学生写作元认知能力提高的一个表现。

过程与策略写作教学模式利用提示卡、思维导图、语言分区、有声思维和自我提问等教学支架（scaffolding teaching）帮助听障小学生了解写作的认知策略。格雷厄姆等（Graham et al.，2012）分析了针对小学生的 13 种写作教学方法，证实了使用教学支架将认知策略这种隐性"工具"外显的教学方法对提高学生写作能力的效果最为显著，这一发现也印证了我们的观点。听障小学生写作的困境主要表现为"不想写""无话写"和"不会写"。过程与策略写作教学模式针对这些困境设计了相应的解决策略。在写作前的构思和组织环节重在通过有声思维、自我提问和思维导图创设真实的交际语境，激活听障小学生长时记忆中的内容，让其愿意写并有话可写；写作中的起草和转换环节旨在通过有声思维和自我提问介绍作文的结构，通过语言展示区帮助听障小学生认识汉语和手语的不同表达规则，让他们做到不仅有话可写并且会用汉语写；写作后的修改和定稿环节充分调动了学生的元认知知识，让听障小学生不仅能用汉语写，并且写得对、写得好。

6.2 本研究的价值

6.2.1 理论价值

本书的理论价值主要体现在两个方面：一是对构建特殊教育培养体系的促进，二是对写作理论的补充和拓展。

6.2.1.1 促进小学阶段听障学生教学体系和培养体系的构建

我国现存的小学阶段听障学生写作教学方法与普通学生没有太大的差异，没有很好地体现差异性教学的理念，也没有完全照顾到听障学生的特殊需求。本书致力于设计专门针对小学阶段听障学生汉语写作的教学模式，立足于听障学生本身，形成适合他们的汉语写作教学方法。

6.2.1.2 有助于补充特殊教育领域语言教学的理论与方法

写作的认知过程理论是 Flower 和 Hayes 在 1980 年提出的，之后受到国外写作研究者和教师的关注，并将其应用于各个学龄阶段的学生写作教学，成效甚大。但至今我们还未见将其用于中国听障小学生写作课堂的案例。本书考察了写作认知过程理论在小学阶段听障学生汉语写作能力培养中的应用，在一定程度上对写作认知过程理论进行了充实和完善，拓宽了该理论的适用范围，为特殊教育领域语言教学方法的完善提供了更多的理论支撑。

6.2.2 应用价值

本书的应用价值主要体现在三个方面：首先是为一线教师提供了切实可行的课堂教学方法，其次是设计了评估听障小学生结构层面表达能力的工具——汉语结构分析工具，再次是形成了测量听障小学生书面语内容层面的工具——汉语内容分析工具。这两个工具可以较为客观地展示听障小学生的写作能力，为特殊学校提供了学生学习和教师教学的测评依据，也为之后的类似研究提供了参考。

6.2.2.1 为特殊学校提供汉语写作教学模式

本书的应用价值主要体现在为特殊学校教师提供了切实可行的课堂教学方法。过程与策略写作教学模式以写作认知过程理论和认知策略为基础，将听障小学生的写作过程分为3个阶段（写作前、写作中、写作后），6个环节（构思、组织、起草、转换、修改、定稿）。这既是学生的写作过程，也是教师的教学过程，并且在每个环节都告诉教师和学生应该做什么和如何做。经教学实验证明，过程与策略写作教学能够有效提升听障小学生的写作能力。为特殊学校教师提供了切实可行的写作教学方法，可以用于听障小学生的写作课堂，帮助听障小学生有效提高汉语写作能力。本书的教学模式中包含了多种视觉支架（见附录六），方便特殊学校教师直接用于自己的写作课堂。

另外，过程与策略写作教学模式为提高听障小学生的书面语表达能力提供了切实可行的模式，可以有效帮助听障小学生更好地用汉语表达自己的想法，为其之后参加考试，进入社会，以及日常生活都奠定了基础。书面语表达能力的提高，有助于形成聋健之间的无障碍沟通，可以大大拓宽听障人士的交际范围，这也是主流社会对残障人士关怀的一种表现。

6.2.2.2 为听障小学生的书面语提供语言结构分析工具

White（1997）针对美国听障学生的英语书面语设计了英语书面语结构分析工具。本书在此基础上设计了针对中国听障小学生汉语书面语结构层面的分析工具——汉语结构分析工具，它是国内第一个专门针对听障学生书面语语言结构的分析工具。

汉语结构分析工具包括了三个平面中的10项内容，它具有以下五个方面的优势。

（1）全面性

汉语结构分析工具从三个平面分析了书面语中的10项内容，较为全面地囊括了书面语在语言使用上各个方面的内容，尽可能完整地反映学生的写作水平。

（2）持续性

教师可以用汉语结构分析工具来评估学生在不同时期的写作文本。无论学生的写作水平高或低，教师都可以使用同一个标准，不需要更改其中的分析内容，达到了"一种标准贯穿始终"的效果。因此汉语结构分析工具可以用来持续地分析学生在整个学习期间写作能力的变化，每次的进步或者退步都可通过数值展现出来。

（3）无限性

在时间允许的情况下，汉语结构分析工具可以用来无限地分析各种类型的汉语书面语材料，不受写作体裁、形式、数量、作者、时间等因素的限制。尤其是对写作教师来说，他们在评估学生的写作能力时，可以拿学生的任何一个写作文本来分析，不必举行正式的考试，大大节省了时间。并且学生在课后较为放松的情况下写出来的文本，也可以很好地反映他们真实的写作能力。

（4）可比性

汉语结构分析工具以句子为基本分析单位，将一篇书面语中的句子和非句在各个层面的表现都进行了量化，每项内容的水平都通过一个数值来呈现，使得用汉语结构分析工具分析出来的不同文本之间的差异可视化，最大限度地减少了研究者主观臆测的可能，可以清楚、客观地展示不同学生的写作能力和同一学生在不同时期的写作能力。

（5）普适性

汉语结构分析工具不仅可以用于特殊教育的研究，也可以延伸到二语教学和普通教育的领域。它可以用来分析不同语言能力的学生的写作水平，例如健听生和听障生、小学生和中学生、理科生和文科生，等等；还可以运用到不同母语背景的学生写作能力的分析上，例如母语者和二语者。另外，我们还可以将汉语结构分析工具运用于教材的编写和教学计划的制订。它还可以用来评估教材和课外阅读材料的语言水平，将学习资料与相应年级学生的写作能力进行对比，有效帮助教材编写者、政策制定者以及任课教师合理安排教材内容，制订教学计划，选取课外读物。

6.2.2.3 为听障小学生的书面语提供内容表达分析工具

对书面语内容层面的分析，实际上就是对其语篇或语用的分析。以往对于听障学生书面语的研究大多集中于结构层面的分析，这是因为对形式的分析在操作上比较容易入手。内容分析与形式分析相比，较为主观，并且在具体操作上存在较大的困难，因此无论是国内还是国外，对听障学生书面语内容层面的研究少之又少，分析标准也不尽相同，通常是各执一词。教师在给学生作文的内容表现进行评分时，通常是读完全文"整体感觉"这篇文章是"好"还是"不好"或"不够好"。其实这个"整体感觉"在很大程度上取决于学生写作的内容是否丰富以及内容之间是否具有连贯性。

本书在参考了 2017 年美国全国教育进展评估，托福、雅思和汉语水平考试的基础上形成了国内第一个专门针对听障小学生书面语内容层面的分析工具——汉语内容分析工具。

汉语内容分析工具主要从题目、话题和连贯性三个方面入手分析学生写作的深度和广度，并且对每项内容设立不同等级的评分标准，可以帮助分析者准确把握学生的书面语在内容层面属于哪个等级，明确什么程度是"好"，什么程度是"不好"。这样一来，就将主观"感觉"变得客观，并且可以衡量。

其次，汉语内容分析工具可以用来评估任何一种体裁的书面语，包括记叙文、说明文和议论文，不必一种体裁设立一个标准，减轻了分析者的记忆负担，也使得不同文本的内容具有可比性。

另外需要注意的是，2017 年美国的全国教育进展评估将学生的书面语在内容层面的表现分为 7 个等级，即每项内容的分值都是从 0 到 6。但其研究对象是 4—12 年级的健听学生，考虑到我们的研究对象是 5 年级的听障学生，因此我们将每项内容分为 4 个等级，并且让每个等级的评分标准也尽量贴近听障小学生的书面语表现。所以之后如果需要分析高年级学生或是其他人群的书面语内容表现，评分标准还需根据语料情况重新调整。

汉语结构分析工具和汉语内容分析工具的设计可以为特殊学校提供学生

学习和教师教学的测评工具，为相关研究者提供听障学生书面语的分析工具，为教材的编写和课标的制定提供参考。

6.3　听障小学生写作教学研究未来展望

为了使教师在听障学生课堂上更加充分、有效地进行写作教学，未来的相关工作可从如下几个方面进行。

6.3.1　开发适合听障小学生的写作教学资源

听障学生写作教学资源包括写作任务及其所需材料等。研究表明，能够为听障学生教师提供有力支撑的任务和材料需具备如下特征：（1）写作任务具有真实性，并且是听障学生熟悉的；（2）写作任务要与听障学生的年龄和年级相匹配；（3）写作任务能激发听障学生思考和写作的兴趣（崔亚冲和傅爱兰，2019）；（4）教学材料以视觉材料为主，充分利用听障学生的视觉优势（Wolbers 等，2012）。

鉴于听障学生语言背景的特殊性，针对其的写作教学不仅涉及内容，还包括语言表达，这需要教师投入大量的时间和精力。如果能够依据课程标准和教学大纲，设计出可以直接运用于课堂教学的写作任务，不仅能减轻教师的备课负担，还能为教师对听障学生的作文评价提供参照。

我们可以将英语作为第二语言教学的任务型教学法引入听障学生写作教学课堂，根据听障学生的认知特点，以及本书的教学模式设计相应的写作任务。

下面是一个可以用于听障学生写作课堂的任务范例。

写作任务范例——校长信箱的建议信

话　　题：学校生活
体　　裁：议论文
功　　能：原因分析

任务形式：小组/独立写作

情景提示：

学校最近的师生全体会上，校长提议将小学各年级的体育课从每周四次减少为每周两次。师生有一周时间向校长信箱提交建议信，表明对该提议的态度，并具体说明同意或不同意的原因（至少列出两条原因，并进行详细说明）。校长会根据建议信的情况再做决定。

这个写作任务的构思环节所确定的读者便是学校校长，写作目的是说服校长增加或减少体育课。组织环节可按照开头亮明观点、主体说明原因、结尾总结观点的顺序，形成总分总结构。

6.3.2　开展持续有效的教师发展项目

除了开发教学资源外，更为重要的是要教会听障学生教师有效地利用这些资源。教师在使用写作任务和教学材料时，可以根据听障学生的语言水平和教学需要进行调整和改编。比如，要求听障学生使用更加丰富的词汇和更加复杂的句式；也可以将议论文的原因数量从两条减少为一条，或增加为三条。如果仅仅把教学资源提供给教师，可能无法使听障学生的写作能力发生实质性的变化，这是由于①教师不知如何在写作课堂上使用或充分利用这些资源；②教师无法将这些写作任务和教学材料与自己的课程大纲进行整合，而如果将在课堂上使用这些资源看作是一项额外的教学任务，则需要花费自己大量的时间和精力。在此想法的指导下，其教学效果很可能不尽如人意，导致这些资源发挥不了作用，进而不被学校、家长，甚至不为学生所接受和认可。

因此，我们需要开发一系列持续有效的教师发展项目，使教师能够逐步掌握并充分利用这些写作任务和教学材料的方式和方法。教师发展项目需要①针对具体的听障学生教师群体，设计具体的教师发展课程，以便将现有的写作教学资源与教师的教学大纲和课程标准联系起来，使教师意识到开发的这些资源与自己的教学密切相关、相辅相成；②研究教师所在学校或者地区的教育方针及优先发展策略，并将写作课程的设置与这些方针政策联系在一起，开发有针对性的教师发展课程；③促使教师形成集体教研、合作教学的模式，共同推进针对听障学生的写作教学的顺利进行，以分担单个教师需要投入的大量时间和精力，从而共同面对在听障学生的写作教学中可能会遇到的困难和阻碍。

6.3.3 设计听障学生写作课堂的观察和评价工具

开发听障学生写作课堂的观察和评价工具，可以为更好地进行写作教学提供具体有效的反馈。有关听障学生的写作教学研究在国内的研究和实践基础都比较薄弱，推进其顺利进行并非易事。利用写作课堂的观察和评价工具，科学系统地记录教师在写作教学过程中的教学行为，为教师的自我评价、自我反思，以及同行互评提供参照，是不断推进和完善听障学生写作教学的重要渠道。

罗少茜等（2014）在夏洛特·丹尼森（Charlotte Danielson，1996）的基础上设计了汉语作为第二语言的课堂观察评价表，通过研究者或教师同行给授课教师打分，了解课堂上形成性评价的使用情况。该课堂观察评价表主要关注以下几个方面：①所使用的评价标准全面恰当；②对学生学习进行有效的监测；③给学生的反馈及时恰当；④学生能够进行自我评价并对自身的进步进行监控；⑤教师依据学生的学习效果，对当堂或下一堂的授课内容进行调整。

英国文化委员会在京办事处和中国教育学会外语专业委员会共同设计了一份课堂观察核对表，包括 3 个大模块（教学设计、教学实施、教学效果），13 个一级指标，72 个二级指标。研究者可以参考其内容，根据自己的需要进行增删和调整（刘润清，2015）。

尽管罗少茜（2014）以及刘润清（2015）提到的课堂观察评价表并非针对听障学生的写作课堂，但由于听障学生学习汉语的情况与将汉语作为第二语言的学生的学习情况有很大的相似性，因此该课堂观察评价表对我们的研究具有很大的借鉴意义。

目前，我国听障学生写作教学的研究，应从开发丰富的、可直接用于课堂的教学资源入手。在此基础上，根据不同听障学生教师的需求及其所处的教育环境，构建相关的教师发展课程。同时研制适用于听障学生的写作课堂观察和评价工具，为不断完善听障学生写作教学提供及时有效的反馈。值得一提的是，目前在听障学生的写作课堂上，不少教师仍采用传统的范文分析法、扩写法、仿写法等，帮助听障学生积累好词好句，建立汉语的语感，这些方法也都能够收到较好的学习效果。因此我们在开发听障学生写作教学资源时可以充分吸收传统教学方法中的一些精华，从不同角度帮助听障学生提高写作能力。

参考文献

[1] 布鲁斯·霍纳. 语言工作与写作教学 [J]. 当代修辞学，2018（5）：37-45.

[2] 陈洁. 探讨聋生写作能力的培养 [J]. 课程教育研究，2018（29）：106.

[3] 陈珂，李本友，孙丽. 聋生书面语趋向动词习得研究 [J]. 中国特殊教育，2016（2）：
43-48＋55.

[4] 崔亚冲. 听障学生汉语"瑕疵句"表现及对策分析 [J]. 现代特殊教育，2018（8）：
50-54.

[5] 崔亚冲，傅爱兰. 特殊学校听障学生写作流程教学探析 [J]. 北京联合大学学报，2019
（2）：80-86.

[6] 崔亚冲，罗少茜，郑璇.《欧洲语言共同参考框架》扩展版对我国通用手语等级标准研
制的启示 [J]. 中国考试，2021（4）：78-85.

[7] 高彦怡. 聋哑学生汉语书面语表达问题分析及其教学对策 [D]. 长春：吉林大
学，2008.

[8] 黄伯荣，廖序东. 现代汉语（下册）[M]（增订 3 版）. 北京：高等教育出版社，2002.

[9] 李振东. 反思性教学和反思性教师 [J]. 科教文汇，2007（32）：10.

[10] 梁丹丹，刘秋凤. 聋生汉语构词偏误的描写与统计分析 [J]. 中国特殊教育，2008
（12）：41-46.

[11] 梁丹丹，王玉珍. 聋生习得汉语形容词程度范畴的偏误分析——兼论汉语作为聋生第
二语言的教学 [J]. 中国特殊教育，2007（2）：23-27.

[12] 林崇德，杨治良，黄希庭. 心理学大辞典（下）[M]. 上海：上海教育出版社，2003.

[13] 刘德华. 聋生书面语中动词及相关成分的异常运用 [J]. 中国特殊教育，2002（2）：
43-46.

［14］刘润清. 外语教学中的科研方法［M］（修订版）. 北京：外语教学与研究出版社，2015.

［15］卢雪飞，陈甜天，王玉玲. 聋校语文中的语法教学方法例谈［J］. 现代特殊教育，2018
（1）：54-57。

［16］罗少茜，马晓蕾等. 汉语作为第二语言的教学与评价［M］. 长沙：湖南教育出版
社，2014.

［17］邵伟，张伟萍. 二—四年级聋生书面语常见错误类型分析及教学启示［J］. 南京特教学
院学报，2013（2）：35-40.

［18］王红，王斌. 聋生写作现状分析及教学策略［J］. 绥化学院学报，2011（5）：25-27.

［19］王娟，张积家，刘鑫，等. 汉族聋生书面叙事发展特征的研究［J］. 中国特殊教育，
2015（3）：20-25.

［20］王姣艳. 从聋校学生的书面语谈其语言能力与教育对策［J］. 中国特殊教育，2004
（7）：17-20.

［21］王玉玲. 适用于听力障碍学生的形容词谓语句网络语法教学案例探究［J］. 新课程研究
（下旬刊），2017（9）：14-16.

［22］王梓雯，连福鑫，林云强. 中年级听障学生日记句型和句法偏误的研究［J］. 中国特殊
教育，2018（6）：35-41.

［23］吴铃. 聋生A写作辅导的个案分析报告［J］. 中国特殊教育，2005（3）：32-35.

［24］吴铃. 汉语手语语法研究［J］. 中国特殊教育，2005（8）：15-22.

［25］吴铃. 聋人书面语学习困难的研究［J］. 中国特殊教育，2007（5）：33-37.

［26］姚勤敏. 香港手语双语共融教育（SLCO）：一个聋健皆得益的教育方案［J］. 北京联
合大学学报，2017（2）：29-35.

［27］张帆、李德高. 聋生"是……的"句的句法意识［J］. 心理学报，2017（11）：
1383-1391.

［28］张颖杰. 自然手语对聋生汉语写作中叙述视角的影响［J］. 北京联合大学学报，2017
（1）：35-40.

［29］周一民. 现代汉语［M］（第3版）. 北京：北京师范大学出版社，2010.

［30］中华人民共和国教育部制定. 聋校义务教育课程标准（2016年版）［S］. http：//
www. moe. edu. cn/srcsite/A06/s3331/201612/W020161213303084460898. pdf.

［31］ANTIA S D, REED S, KREIMEYER K H. Written language of deaf and hard of
hearing students in public schools［J］. *Journal of Deaf Studies and Deaf Education*，

2005, 10 (3): 244-255.

[32] APPLEBEE A N. Alternative models of writing development [A]. In Indrisano R, Squire J (Eds.). *Perspectives on Writing: Research, Theory and Practice.* Newark, Delaware: International Reading Association, 2000.

[33] ASHBAUGH H, JOHNSTONE K M, WARFIELD T D. Outcome assessment of a writing-skill improvement initiative: Results and methodological implications [J]. *Issues in Accounting Education*, 2002, 17 (2): 123-148.

[34] BEREITER C. Development in writing [A]. In Gregg L Q, Steinberg E R (Eds.), *Cognitive Processes in Writing.* New Jersey: Lawrence Erlbaum, 1980.

[35] BEREITER C, SCARDAMALIA M. Educational relevance of the study of expertise [J]. *Interchange*, 1986, 17 (2): 10-19.

[36] BOWERS L M, DOSTAL H M, WOLBERS K A, et al. The assessment of written phrasal constructs and grammar of deaf and hard of hearing students with varying expressive language abilities [J]. *Education Research International*, 2018 (2): 1-10.

[37] CRAIG W N, COLLINS J L. Analysis of communicative interaction in classes for deaf children [J]. *American Annals of the Deaf*, 1970, 115 (2): 79-85.

[38] CUI Y. The SIWI in America and its enlightments to the writing instruction of Chinese DHH students [J]. *International Journal of Language and Linguistics*, 2022, 10 (2): 143-148.

[39] DELPIT L. The silenced dialogue: Power and pedagogy in educating other people's children [J]. *Harvard Educational Review*, 1988, 58 (3): 280-299.

[40] DOSTAL H M. *Developing Students' First Language through a Second Language Writing Intervention: A Simultaneous Approach* [D]. Knoxvill: University of Tennessee, 2011.

[41] DOSTAL H M, WOLBERS K A. Developing language and writing skills of deaf and hard of hearing students: A simultaneous approach [J]. *Literacy Research Instruction*, 2014, 53 (3): 245-268.

[42] DOSTAL H M, WOLBERS K A, KILPATRICK J R. The Language Zone: Differentiating writing instruction for students who are d/Deaf and hard of hearing [J]. *Writing & Pedagogy*, 2019, 11 (1): 1-22.

[43] ENGLERT C S, DUNSMORE K. A diversity of teaching and learning paths: Teaching writing in situated activity [M]. In Brophy J. (ed.). *Social Constructivist Teaching*: *Affordances and Constraints*. Boston: JAI, 2002.

[44] ENGLERT C S, MARIAGE T V. Making students partners in the comprehension process: Organizing the reading "POSSE" [J]. *Learning Disability Quarterly*, 1991, 14 (2): 123-138.

[45] ENGLERT C S, MARIAGE T V, DUNSMORE K. Tenets of sociocultural theory in writing instruction research [A]. In Charles A, Graham S, Fitzgerald J (Eds.), *Handbook of writing research*. New York: The Guilford Press, 2006.

[46] ENGLERT C S, RAPHAEL T E, ANDERSON L M. *Cognitive strategy instruction in writing project* [M]. East Lansing, MI: Institute for Research on Teaching, 1989.

[47] EVANS C. Two languages, one goal: Literacy learning in deaf students [J]. *CAEDHH Journal/La Revue ACESM*, 1998, 25: 6-19.

[48] FISCHER S, GONG Q. Variation in East Asian sign language structures [A]. In D. Brentari, (Ed.), *Sign Languages*. New York: Cambridge University Press, 2010.

[49] FLAVELL J H. Metacognition and cognitive monitoring: A new area of cognitive-developmental inquiry [J]. *American Psychologist*, 1979, 34 (10): 906-911.

[50] FLOWER L S, HAYES J R. The dynamics of composing: Making plans and juggling constraints [A]. In Gregg L W, Steinberg E R (Eds.), *Cognitive Processes in Writing*. Hillsdale, NJ: Erlbaum & Associates, 1980.

[51] FRENCH M M. *Planning for literacy instruction*: *Guidelines for instruction. Sharing Ideas* [M]. Gallaudet University, Laurent Clerc National Deaf Education Center, KDES PAS-6, 800 Florida Ave., NE, Washington, DC 20002-3695, 1999.

[52] GEE J P. *Social linguistics and literacies*: *Ideology in discourses* [M]. London: Routledge, 2007.

[53] GRAHAM S, MCKEOWN D, KIUHARA S, et al. A meta-analysis of writing instruction for students in the elementary grades [J]. *Journal of Educational Psychology*, 2012, 104 (4): 879-896.

[54] HARRISON D R, SIMPSON P A, STUART A. The development of written language in a population of hearing-impaired children [J]. *Journal of the British Association of*

Teachers of the Deaf, 1991, 15 (3): 76-85.

[55] HARTMAN M. Thinking and learning in classroom discourse [J]. *Volta Review*, 1996, 98 (3): 93-106.

[56] HAYES J R. A new framework for understanding cognition and affect in writing [A]. In Indrisano R, Squire J R (Eds.), *Perspectives on Writing: Research, Theory, and Practice*. Newark, Delaware: International Reading Association, 2000.

[57] HILLOCKS G. What works in teaching composition: A meta-analysis of experimental treatment studies [J]. *American Journal of Education*, 1984, 93 (1): 133-170.

[58] HILLOCKS G. *Teaching writing as reflective practice* [M]. New York: Teachers College Press, 1995.

[59] HUANG S F. *Chinese grammar at work* [M]. Amsterdam: John Benjamins, 2014.

[60] HUNT K. *Grammatical structures written at three grade levels* [R]. Champaign, IL: National Council of Teachers of English, 1965.

[61] KILPATRICK J R. *Developing a written language inventory for deaf and hard of hearing students: A systemic functional grammar approach* [D]. Knoxvill: University of Tennessee, 2015.

[62] KING C M, QUIGLEY S P. *Reading and deafness* [M]. San Diego: College-Hill, 1985.

[63] KLECAN-AKER J, BLONDEAU R. An examination of the written stories of hearing-impaired school-age children [J]. *Volta Review*, 1990, 92 (6): 275-82.

[64] KLUWIN T N, KELLY A B. Implementing a successful writing program in public schools for students who are deaf [J]. *Exceptional Children*, 1992, 59 (1): 41-53.

[65] KRETSCHMER R R, KRETSCHMER L W, TRUAX R R. *Language development and intervention with the hearing impaired* [M]. State College: University Park Press, 1978.

[66] LANG H G, ALBERTINI J A. Construction of meaning in the authentic science writing of deaf students [J]. *Journal of Deaf Studies and Deaf Education*, 2001, 6 (4): 258-284.

[67] LASASSO C J, MOBLEY R T. *Results of a national survey of reading instruction for deaf students* [R]. Paper presented at the annual conference of the Association of

College Educators—Deaf and Hard of Hearing, Santa Fe, NM, 1997. (*ERIC Document Reproduction Service* No. ED406776)

[68] LIEBERMAN A, WOOD D R. *Inside the national writing project: Connecting network learning and classroom teaching* [M]. New York: Teachers College Press, 2003.

[69] LIU S L, RAVER S A. The emergence of early intervention for children with hearing loss in China [J]. *The Journal of the International Association of Special Education*, 2011, 12 (1): 59-64.

[70] LUCKNER J L, SEBALD A M, COONEY J, et al. An examination of the evidence-based literacy research in deaf education [J]. *American Annals of the Deaf*, 2005, 150 (5): 443-456.

[71] LYTLE R R, JOHNSON K E, HUI Y J. Deaf education in China: History, current issues, and emerging deaf voices [J]. *American Annals of the Deaf*, 2005, 150 (5): 457-469.

[72] MARIAGE T V. *The construction and reconstruction of two discourse spaces in a special education classroom: A sociolinguistic examination of Sharing Chair and Morning Message* [D]. East Lansing: Michigan State University, 1998.

[73] MARIAGE T V. Features of an interactive writing discourse: Conversational involvement, conventional knowledge, and internalization in "Morning Message" [J]. *Journal of Learning Disabilities*, 2001, 34 (2): 172-196.

[74] MARSCHARK M. Discourse rules in the language productions of deaf and hearing children [J]. *Journal of Experimental Child Psychology*, 1994, 57 (1): 89-107.

[75] MARSCHARK M, LANG H G, ALBERTINI J A. *Educating deaf students: From research to practice* [M]. New York: Oxford University Press, 2002.

[76] MAYER C. Shaping at the point of utterance: An investigation of the composing processes of the deaf student writer [J]. *Journal of Deaf Studies and Deaf Education*, 1999, 4 (1): 37-49.

[77] MAYER C, AKAMATSU C T, STEWART D. A model for effective practice: Dialogic inquiry with students who are deaf [J]. *Exceptional Children*, 2002, 68 (4): 485-502.

[78] MAYER C, WELLS G. Can the linguistic interdependence theory support a bilingual-

bicultural model of literacy education for deaf students? [J]. *The Journal of Deaf Studies and Deaf Education*, 1996, 1 (2): 93-107.

[79] MCANALLY P L, ROSE S, QUIGLEY S P. *Reading practices with deaf learners* [M]. Austin: PRO-Ed, 2007.

[80] MCCUTCHEN D. Cognitive factors in the development of children's writing [A]. In Charles A, Graham S, Fitzgerald J (Eds.), *Handbook of Writing Research*. New York: The Guilford Press, 2006.

[81] MILLER K J, LUCKNER J L. Let's talk about it: Using conversation to facilitate language development [J]. *American Annals of the Deaf*, 1992, 137 (4): 345-350.

[82] MUSSELMAN C, SZANTO G. The written language of deaf adolescents: Patterns of performance [J]. *The Journal of Deaf Studies and Deaf Education*, 1998, 3 (3): 245-257.

[83] National Assessment of Educational Progress. *The nation's report card: Writing* 2017 [R]. U. S. Department of Education, National Center for Education Statistics, 2017.

[84] O'MALLEY J M, O'MALLEY M J, CHAMOT A U. *Learning strategies in second language acquisition* [M]. New York: Cambridge University Press, 1990.

[85] PADDEN C, RAMSEY C. Deaf culture and literacy [J]. *American Annals of the Deaf*, 1993, 138 (2): 96-99.

[86] PAUL P. *Literacy and deafness: The development of reading, writing, and literate thought* [M]. Boston: Allyn and Bacon, 1998.

[87] PETERSON A. *NAEP/NWP study shows link between assignments, better student writing* [EB/OL]. The Voice: A Newsletter of the National Writing Project, 2001, 6 (2), 1.

[88] PINKER S. *The language instinct: How the mind creates language* [M]. New York: Harper Collins, 2003.

[89] POWERS A R, WILGUS S. Linguistic complexity in the written language of hearing-impaired children [J]. *Volta Review*, 1983, 85 (4): 201-210.

[90] PRESSLEY M, MCCORMICK C. *Advanced educational psychology for educators, researchers, and policymakers* [M]. New York: Harper Collins, 1995.

[91] ROGOFF B. *Apprenticeship in thinking: Cognitive development in social context* [M].

Oxford: Oxford University Press, 1990.

[92] ROSE S, MCANALLY P L, QUIGLEY S P. *Reading practices with children who are deaf* [M]. Austin: PRO-Ed, 2004.

[93] SAULSBURRY R M. *SIWI in an itinerant teaching setting: Contextual factors impacting instruction* [D]. Knoxvill: University of Tennessee, 2016.

[94] SCHIRMER B R. *Language and literacy development in children who are deaf* [M]. Boston: Allyn & Bacon, 1994.

[95] SCHNEIDERMAN E. The effectiveness of an interactive instructional context: Principles from the parent-child interaction literature [J]. *American Annals of the Deaf*, 1995, 140 (1): 8-15.

[96] SIEGEL L. The educational and communication needs of deaf and hard of hearing children: A statement of principle on fundamental educational change [J]. *American Annals of the Deaf*, 2000, 145 (2): 63-78.

[97] SKERRIT P A. *Practices and routines in SIWI lessons that develop skills in reading* [D]. Knoxvill: University of Tennessee, 2015.

[98] STUROMSKI N. *Teaching students with learning disabilities to use learning strategies* [R]. NICHCY News Digest, 1997.

[99] VAN BEIJSTERVELDT L M, VAN HELL J G. Structural priming of adjective-noun structures in hearing and deaf children [J]. *Journal of Experimental Child Psychology*, 2009, 104 (2): 179-196.

[100] WANG Q Y, ANDREWS J F. Literacy instruction in primary level deaf education in China [J]. *Deafness & Education International*, 2017, 19 (2): 63-74.

[101] WEBSTER A. *Deafness, development and literacy* [M]. London: Routledge, 2017.

[102] WHITE A H. *The structural assessment of written English*. Unpublished Manuscript, 1997.

[103] WHITE A H. A tool for monitoring the development of written English: T-unit analysis using the SAWL [J]. *American Annals of the Deaf*, 2007, 152 (1): 29-41.

[104] WILBUR R B. The use of ASL to support the development of English and literacy [J]. *Journal of Deaf Studies and Deaf Education*, 2000, 5 (1): 81-104.

[105] WOLBERS K A. *Strategic and interactive writing instruction (SIWI): Apprenticing*

deaf students in the construction of informative text [D]. East Lansing: Michigan State University, 2007.

[106] WOLBERS K A. Strategic and interactive writing instruction (SIWI): Apprenticing deaf students in the construction of English text [J]. *ITL International Journal of Applied Linguistics*, 2008, 156 (1): 299-326.

[107] WOLBERS K A, BOWERS L M, DOSTAL H M, et al. Deaf writers' application of American sign language knowledge to English [J]. *International Journal of Bilingual Education Bilingualism*, 2013, 17 (4): 410-428.

[108] WOLBERS K A, DOSTAL H M, BOWERS L. "I was born full deaf." Written language outcomes after one year of strategic and interactive writing instruction (SIWI) [J]. *Journal of Deaf Studies and Deaf Education*, 2011, 17 (1): 19-38.

[109] WOLBERS K A, DOSTAL H M, BRANUM-MARTIN L, et al. Strategic and interactive writing instruction: An efficacy study in grades 3-5 [J]. *Journal of Educational and Developmental Psychology*, 2018, 8 (1): 99-117.

[110] WOLBERS K A, DOSTAL H M, GRAHAM S, et al. The writing performance of elementary students receiving strategic and interactive writing instruction [J]. *Journal of Deaf Studies and Deaf Education*, 2015, 20 (4): 385-398.

[111] WOLBERS K A, DOSTAL H M, SKERRIT P, et al. A three-year study of a professional development program's impact on teacher knowledge and classroom implementation of strategic and interactive writing instruction [J]. *Journal of Educational Research*, 2016, 110 (1): 61-71.

[112] WOLBERS K A, GRAHAM S, DOSTAL H M, et al. A description of ASL features in writing [J]. *Ampersand*, 2014 (1): 19-27.

[113] WOLFF S. Cognition and communication patterns in classrooms for deaf students [J]. *American Annals of the Deaf*, 1977, 122 (3): 319-327.

[114] YANG J H. Sign language and oral/written language in deaf education in China [A]. In C. Plaza-Pust, E. Morales-Lopez (Eds.) *Sign bilingualism: Language development, interaction, and maintenance in sign language contact situations* (pp. 297-331). Philadelphia, PA: John Benjamins Company, 2008.

[115] YANG Y, LIU Y H, FU M F, et al. Home-based early intervention on auditory and

speech development in Mandarin-speaking deaf infants and toddlers with chronological aged 7-24 months [J]. *Chinese Medical Journal*, 2015, 128 (16): 2202-2207.

[116] YOSHINAGA-ITANO C, DOWNEY D M. Development of school-aged deaf, hard-of-hearing, and normally hearing students' written language [J]. *Volta Review*, 1996, 98 (1): 3-7.

[117] YOSHINAGA-ITANO C, SNYDER L, MAYBERRY R. Examining written-language assessment and intervention links to literacy: Can lexical/semantic shills differentiate deaf or hard-of-hearing readers and nonreaders? [J]. *Volta Review*, 1996, 98 (1): 39-61.

附　录

附录一　调查问卷

北京某特殊学校五年级听障学生基本情况调查问卷

各位同学，下面的问题可以帮助我们更好地认识你。请你按照自己的真实想法回答。

一、个人资料

姓名：_____　　　性别：男□/女□　　　出生年月：_____

出生地：_____　　　　　　民族：_____

学校：_____　　　　　　　年级：_____

学了多久汉语：_____　　　学了多久手语：_____

1. 你是几岁开始听不见的？_____岁

2. 你佩戴的助听设备是_____。

　　A. 助听器　　　　　　B. 人工耳蜗　　　　　　C. 没有

3. 几岁开始戴助听器或者人工耳蜗的？_____岁。

4. 在没有戴助听器或人工耳蜗之前，你的听力状况是_____。

　　A. 完全听不到　　　B. 经常听不清楚　　　C. 有时听不清楚

5. 佩戴助听器或人工耳蜗之后，你的听力状况是_____。

  A. 完全听不到

  B. 能听到，但听不清楚

  C. 听得清楚

  D. 听得很清楚

6. 你在哪里学的手语？

  A. 家里   B. 学校   C. 康复机构

  D. 其他：＿＿＿＿＿＿＿＿＿＿＿＿

7. 你从几年级开始到这个学校上学？＿＿＿＿＿年级。

  来这里上学之前你在哪个学校上学？＿＿＿＿＿＿＿＿＿＿＿。

  如果你之前在普通学校上学，你和同学的交流方式是＿＿＿＿＿。

  A. 汉语口语   B. 手语   C. 写字

  D. 画画   E. 其他：＿＿＿＿＿＿＿＿＿＿

8. 你的朋友＿＿＿＿＿。

  A. 都不会手语

  B. 很少会手语，很多不会手语

  C. 很多会手语，很少不会手语

  D. 都会手语

二、家庭情况

1. 你的家庭成员有＿＿＿＿＿＿＿＿＿＿＿＿＿＿＿＿＿＿＿＿＿

2. 家里有人听不见吗？是谁呢？

  ＿＿＿＿＿＿＿＿＿＿＿＿＿＿＿＿＿＿＿＿＿＿＿＿＿＿＿＿＿

3. 家里谁会手语？

  ＿＿＿＿＿＿＿＿＿＿＿＿＿＿＿＿＿＿＿＿＿＿＿＿＿＿＿＿＿

4. 家人之间的交流方式是＿＿＿＿＿。

  A. 汉语口语   B. 手语   C. 写字

  D. 画画   E. 其他：＿＿＿＿＿＿＿＿＿＿

5. 如果家人使用手语，家里的手语跟学校老师教的手语一样吗？

    A. 一样   B. 不一样

6. 家人打手语时说话吗?

    A. 说   B. 不说

7. 爸爸的学历是_____。

    A. 没上过学   B. 小学   C. 中学或中专

    D. 大学   E. 研究生

8. 妈妈的学历是_____。

    A. 没上过学   B. 小学   C. 中学或中专

    D. 大学   E. 研究生

9. 爸爸的工作是_____

10. 妈妈的工作是_____

三、语言使用情况

1. 你小时候(上学前)最先学会的话(语言)是哪种?

    A. 汉语   B. 手语   C. 其他:_____

2. 你现在能用哪种方式与人交流?

    A. 汉语   B. 手语   C. 其他:_____

3. 在家里,你跟父母或其他长辈(爷爷、奶奶、外婆、外公等)用什么方式
   交流?

    A. 汉语口语   B. 手语   C. 写字

    D. 画画   E. 不交流   F. 其他:_____

4. 在家里,你跟姐姐、哥哥、弟弟、妹妹用什么方式交流?

    A. 汉语口语   B. 手语   C. 写字

    D. 画画   E. 不交流   F. 其他:_____

5. 上课时,老师用什么方式讲课?

    A. 汉语   B. 手语   C. 其他:_____

6. 在课堂上,你用什么方式回答问题?

    A. 汉语   B. 手语   C. 其他:_____

7. 下课后，你跟语文老师用什么方式交流？

    A. 汉语口语   B. 手语   C. 写字

    D. 画画   E. 不交流   F. 其他：＿＿＿＿＿＿＿

    如果是手语，那么跟上课时用的手语一样吗？

    A. 一样   B. 不一样

8. 下课后，你跟同学用什么方式交流？

    A. 汉语口语   B. 手语   C. 写字

    D. 画画   E. 不交流   F. 其他：＿＿＿＿＿＿＿

    如果是手语，那么跟上课时用的手语一样吗？

    A. 一样   B. 不一样

9. 在公交车或地铁里，你跟司机或乘客用什么方式交流？

    A. 汉语口语   B. 手语   C. 写字

    D. 画画   E. 不交流   F. 其他：＿＿＿＿＿＿＿

    如果是手语，那么跟上课时用的手语一样吗？

    A. 一样   B. 不一样

10. 在餐厅吃饭时，你跟服务员用什么方式交流？

    A. 汉语口语   B. 手语   C. 写字

    D. 画画   E. 不交流   F. 其他：＿＿＿＿＿＿＿

11. 在街上问路时，你用什么方式交流？

    A. 汉语口语   B. 手语   C. 写字

    D. 画画   E. 不交流   F. 其他：＿＿＿＿＿＿＿

12. 在商场，你跟店员用什么方式交流？

    A. 汉语口语   B. 手语   C. 写字

    D. 画画   E. 不交流   F. 其他：＿＿＿＿＿＿＿

13. 在学校外，你跟朋友用什么方式交流？

    A. 汉语口语   B. 手语   C. 写字

    D. 画画   E. 不交流   F. 其他：＿＿＿＿＿＿＿

    如果是手语，那么跟上课时用的手语一样吗？

    A. 一样　　　　　　B. 不一样

14. 你上学之前会使用手语吗？

    A. 会　　　　　　　B. 不会

    如果会，那么上学前使用的手语跟学校里老师教的手语一样吗？

    A. 一样　　　　　　B. 不一样

15. 你在学习手语之前，都用什么方式跟别人交流？

    A. 汉语口语　　　　B. 写字　　　　　　C. 画画

    D. 不交流　　　　　E. 其他：＿＿＿＿＿＿＿＿＿

16. 你最常看哪种话（语言）的电视节目？

    A. 汉语普通话　　　B. 英语　　　　　　C. 手语

    D. 其他：＿＿＿＿＿＿＿＿＿

听障小学生语言感知与阅读情况调查问卷

1. 你觉得自己的手语水平怎么样？

　　A. 非常好　　　　　B. 好　　　　　　C. 一般

　　D. 不好　　　　　　E. 非常不好

2. 你觉得自己的汉语水平怎么样？

　　A. 非常好　　　　　B. 好　　　　　　C. 一般

　　D. 不好　　　　　　E. 非常不好

3. 你觉得自己的阅读水平怎么样？

　　A. 非常好　　　　　B. 好　　　　　　C. 一般

　　D. 不好　　　　　　E. 非常不好

4. 你觉得自己的写作水平怎么样？

　　A. 非常好　　　　　B. 好　　　　　　C. 一般

　　D. 不好　　　　　　E. 非常不好

5. 除了老师布置的作业之外，你经常读课外书吗？

　　A. 每天读　　　　　B. 每周读　　　　C. 有时读

　　D. 很少读　　　　　E. 从来不读

　　你喜欢读什么类型的书？＿＿＿＿＿＿＿＿＿＿＿＿＿＿＿＿＿＿

6. 除了老师布置的作业之外，你经常写作文吗？

　　A. 每天写　　　　　B. 每周写　　　　C. 有时写

　　D. 很少写　　　　　E. 从来不写

　　你喜欢写什么？＿＿＿＿＿＿＿＿＿＿＿＿＿＿＿＿＿＿＿＿＿＿

7. 你家里可以阅读的书、报纸或杂志多吗？

　　A. 非常多　　　　　B. 多　　　　　　C. 一般

　　D. 不多　　　　　　E. 没有

8. 你的家人经常看书或者看报纸吗？

　　A. 每天看　　　　　B. 每周看　　　　C. 有时看

　　D. 很少看　　　　　E. 从来不看

你有什么想跟老师说的吗？请写在下面。

_____

_____

_____

_____

听障小学生实验前写作情况调查问卷

1. 当老师让我写作文时，我的感受是_____。

    A. 非常开心   B. 开心   C. 一般

    D. 不开心   E. 非常不开心

2. 我觉得写作文_____。

    A. 非常有意思   B. 有意思   C. 一般

    D. 没意思   E. 非常没意思

3. 我觉得写作文对我来说_____。

    A. 非常简单   B. 简单   C. 一般

    D. 困难   E. 非常困难

4. 我_____练习写作文。

    A. 非常想   B. 想   C. 不是很想

    D. 不想   E. 非常不想

5. 当我在写作文的时候，我_____。

    A. 总是有很多话想写

    B. 有时有很多话可写，有时只能写一些话

    C. 总是只能写一些话

    D. 总是只能写很少的几句话

    E. 总是无话可写

6. 每次写完作文后，我_____。

    A. 总是觉得自己写得非常好，非常满意

    B. 偶尔觉得自己写得很好

    C. 感觉自己写得一般

    D. 感觉自己写得不太好，不是很满意

    E. 感觉自己写得非常不好，非常不满意

7. 你知道作文的结构和写作文的步骤吗？（如果知道，请写在下面。）

    作文的结构：_____

写作文的步骤：＿＿＿＿＿＿＿＿＿＿＿＿＿＿＿＿＿＿＿＿＿＿＿

8. 你在写作中遇到的最大困难是什么？

A. 无话可写

B. 有话写，但是不知道如何用汉语表达

C. 害怕写错

如果以上都不是，那是什么？＿＿＿＿＿＿＿＿＿＿＿＿＿＿＿＿＿

＿＿＿＿＿＿＿＿＿＿＿＿＿＿＿＿＿＿＿＿＿＿＿＿＿＿＿＿＿＿＿

＿＿＿＿＿＿＿＿＿＿＿＿＿＿＿＿＿＿＿＿＿＿＿＿＿＿＿＿＿＿＿

听障小学生实验后写作情况调查问卷

1. 我觉得老师课堂上讲的写作方法对我_____。

    A. 非常有用   B. 有用   C. 一般

    D. 没用   E. 非常没用

2. 我在写作课上_____收获。

    A. 有很多   B. 有一些   C. 不确定

    D. 基本没有   E. 完全没有

3. 我现在觉得写作是一件_____的事。

    A. 非常有趣   B. 有趣   C. 一般

    D. 无趣   E. 非常无趣

4. 现在写作文对我来说_____。

    A. 非常简单   B. 简单   C. 一般

    D. 困难   E. 非常困难

5. 现在老师让我写作文，我的感受是_____。

    A. 非常开心   B. 开心   C. 一般

    D. 不开心   E. 非常不开心

6. 上完写作课后，我_____练习写作文。

    A. 非常想   B. 想   C. 不是很想

    D. 不想   E. 非常不想

7. 现在我在写作文的时候，我_____。

    A. 总是有很多话想写

    B. 有时有很多话可写，有时只能写一些话

    C. 总是只能写一些话

    D. 总是只能写很少的几句话

    E. 总是无话可写

8. 现在写完作文后，我_____。

    A. 总是觉得自己写得非常好，非常满意

B. 偶尔觉得自己写得很好

C. 感觉自己写得一般

D. 感觉自己写得不太好，不是很满意

E. 感觉自己写得非常不好，非常不满意

9. 现在你知道作文的结构和写作文的步骤吗？（如果知道，请写在下面）

作文的结构：_____

写作文的步骤：_____

10. 你喜欢几个人一组共同写作文，还是自己一个人写作文？为什么？

_____

_____

_____

_____

11. 现在你在写作中遇到的最大困难是什么？

A. 无话可写

B. 有话写，但是不知道如何用汉语表达

C. 害怕写错

如果以上都不是，那是什么？

_____

_____

_____

你有什么想对老师说的吗？请写在下面。

_____

_____

_____

_____

附录二　写作教学实验进度

日期	课时	课程内容	教学支架	出勤人数	未到学生
2019-03-20	1	实验前写作：议论文（减少体育课）20～25 min	测验	13	
2019-03-22	1	实验前写作：说明文（介绍我的学校）20～35 min	测验	13	
2019-03-26	0	发放调查问卷： 1. 听障小学生实验前写作情况调查问卷 2. 听障小学生语言感知与阅读情况调查问卷		13	
2019-03-27	2	1. 实验前写作：记叙文（秋游）30～40 min 2. 介绍说明文定义、范文展示（手口并用） 3. 介绍说明文结构 4. 介绍写作过程 5. 说明文1：构思环节（40 min）（确定预设读者、写作目的、头脑风暴）	测验 微课堂① 正反案例② 汉堡包图片	13	
2019-03-29	1	1. 共建说明文1：组织环节，介绍思维导图 2. 语法"锦囊"：方位词组、存现句（20 min）	思维导图 微课堂	13	
2019-04-02	2	1. 回顾说明文结构、组织环节、语法"锦囊" 2. 共建说明文1：起草、转换环节（小组合作，教师提供指导）50～60 min	橘色作文纸③	13	

---

① 此处我们将对作文结构、写作体裁等具体写作知识的讲解统称为"微课堂"，属于教学支架的一种。

② 对范文的分析属于"正反案例"教学，这一教学支架还包括了对反面作文的分析，但是在本实验中实际使用较少。

③ 在教学实验中，我们使用不同颜色的作文纸代表写作的不同环节，帮助听障学生区分和记忆，例如使用橘色的纸代表"初稿"环节，学生可以大胆地写下自己的想法，不必害怕犯错；用白色作文纸代表"定稿"环节，此时学生就要认真誊写，尽量避免犯错。我们将不同颜色的作文纸也归为教学支架的一种。

续表

日期	课时	课程内容	教学支架	出勤人数	未到学生
2019-04-03	2	说明文1：转换、修改、定稿环节 1. 讲解修改作文的方法，师生一起对分组起草的作文进行修改 2. 小组合作互相修改作文（40～50 min） 3. 确定每组需要修改的内容，独立誊写（给予学生充足的时间，课上没写完的，课下接着写，下周三交。）	修改辅助表 白色作文纸	13	
2019-04-10	2	1. 回顾作文结构："汉堡包"结构 2. 概括写作过程：6个环节 3. 说明文2：构思环节（20 min） 　　　　　　组织环节（20 min） 　　　　　　口头表述（15 min） 　　　　　　构思题目（5 min） 4. 布置作业：说明文2起草环节（小组合作，教师提供指导：50～60 min）	思维导图	11	ZXK JKK
2019-04-17	2	1. 说明文2：修改环节。师生共同修改（20 min） 2. 说明文2：范文展示，好句摘抄（20 min） 3. 记叙文：结构分析（20 min） 4. 记叙文：范文展示，好句摘抄（20 min）	正反案例 微课堂 汉堡包图片	12	ZXK
2019-04-23	1	记叙文：构思、组织环节（35 min） 构思题目（5 min）	思维导图	13	
2019-04-26	2	记叙文：复习构思和组织内容（15 min） 起草环节（分组写作）（60 min）	橘色作文纸	13	
2019-05-08	2	记叙文：修改环节（师生共同进行） 好句摘抄	修改辅助表	13	
2019-05-22	2	说明文3：复习作文结构和写作过程（10 min） 范文展示（15 min），好句摘抄 说明文3：独立写作（40～70 min）	正反案例	13	
2019-05-24	1	说明文3：修改环节（30 min），语法讲解	微课堂	13	

续表

日期	课时	课程内容	教学支架	出勤人数	未到学生
2019-06-12	2	议论文：作文结构（20 min） 范文展示（20 min） 独立写作（50 min）	微课堂 正反案例 橘色作文纸	13	
2019-06-14	1	议论文：修改环节（20 min） 范文展示（20 min）	正反案例	13	
2019-06-19	2	复述视频：词汇、语法讲解（30 min） 起草环节（50 min）（分组写作）	微课堂	13	
2019-06-21	1	1. 复述视频：修改环节（10 min） 2. 总结本学期写作知识：汉堡包、说明文、记叙文、议论文（20 min） 3. 发放调查问卷（听障小学生实验后写作情况调查问卷）	微课堂	13	
2019-06-26	2	课堂测验：说明文写作（介绍我的学校）（独立完成）	测验	13	
2019-06-28	1	课堂测验：记叙文写作（春游）（独立完成）	测验	13	
2019-07-02	2	课堂测验：议论文写（减少体育课）（独立完成）	测验	12	MR

附录三 教学课件展示

说明文——介绍我的学校

教学实验
2019-03-04

连线游戏
1.表示位置：地方+方位

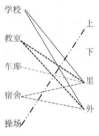

连线游戏
2.表示哪个地方有什么东西：
地方+方位+有+东西/物品

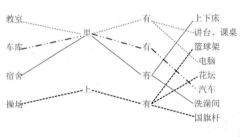

3.列举

当一个地方有很多东西时，我们可以用列举的办法，把这些东西都写下来。

句式：

两个：<u>有……和……</u>

　　　　学校里有男生宿舍和女生宿舍。

三个或三个以上：<u>（1）有……、……和……</u>

　　　　　　　　宿舍里有上下床、卫生间和洗澡间。

　　　　　　<u>（2）有……，有……，还有……</u>

　　　　　　　　操场上有国旗杆，有篮球架，还有花坛。

　　　　　　<u>（3）有……、有……、还有……</u>

　　　　　　　　教室里有讲台、课桌，还有电脑。

构思（你想到了什么？）

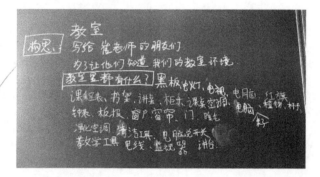

组织（把你的想法排列一下吧！）

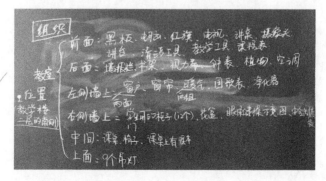

想一个好的题目吧！

修改（看看你写得对不对？）

美丽爱环境的教室

今天，崔老师这次让我们自己写作文，崔老师要求："写教室的作文。"我给你们介绍教室。

我的教室在二层，上五年级，我们班一共有13个学生，我们快6年级，首先教室有黑板、电脑、电视、钟表、暖气、劳动工具、讲桌台、课桌、教学工具、监视器、椅子、柜子、书架、花盆、植物、国旗、课程表、教学手抄报、椅子、窗户、窗帘、吊灯、国歌表、视力表、眼保健操表、门、钟表、课程表。

教室前面有国旗、课程表、讲桌台、劳动工具、教学工具、黑板、监视器、电视、电脑，课程表左边是我们轮流劳动表，中间有上课有什么课表，右边有上课和下课的时间。

修改（看看你写得对不对？）

教室后面有视力表、教学手抄报、钟表、书架、花盆、植物。

教室左面有两面窗户，两组暖气、窗帘。

教室右面有我们学生用的柜子12个、花盆、眼保健操表、植物。

教室中间有课桌、椅子，课桌上有课本！

上完第二节课，去做操或跑步，上完第三节课，我们做眼保健操，上完第六节课，再做眼保健操。

我介绍结束，希望崔老师的朋友来我们的教室观赏一下，看我们的教室多美丽、干净。

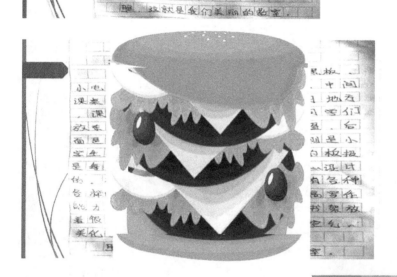

什么是说明文?

▷ 说明文就是通过写作向读者介绍一个人、一件事物或一个地方, 读者通过读你的文章, 能够对你介绍的东西更加了解。

▷ 说明文写作要注意:

　▷ 说明人是向读者介绍某地、某人或某物, 因此我们要对介绍的人、物、地进行详细的、清楚的描写, 让读者可以了解更多。

你来试一试写说明文

▶ 崔老师的朋友在北京师范大学读书，他们都没有来过北京
　××实验学校，对学校很好奇，想要了解咱们的学校。

▶ 你向崔老师的朋友介绍一下学校吧！崔老师会把你写的作文
　给朋友们看，这样他们就能知道咱们的学校是什么样子啦！

作文的结构——"汉堡包"

说明文范文展示

我最亲爱的东方小学

我的学校是东方小学，它位于北京市西城区，是一个非常美丽的学校。

走进校门，你可以看到几棵高大的树，它们是那么挺拔、结实、粗壮，就像哨兵一样守护着我们的校园。

再往前走就来到了主席台，每周一，我们都会在这里举行庄严的升旗仪式。主席台旁边就是红绿相间的环形大操场。我们可以在这里打篮球，踢足球，还可以打羽毛球，那是一天中最快乐的时光。操场的右边是一栋综合楼，一层是新建的大食堂，二层是老师们的休息室。

进校门右转，是一栋四层高的教学楼。一到三层是一至六年级的教室，我的教室在二楼。教室里温暖明亮，同学们在这里学习知识，学习道理，快乐地成长。教学楼的四层是功能室，我们平时最喜欢去功能室上课了。

看，这就是我们的学校，我爱我的学校。

说明文范文展示

这样的"汉堡包"你喜欢吗？

主体

结尾

开头

只有两片面包，
没有肉和菜

没有底

没有盖

写作文的步骤

写作前

构思

组织

说明文——介绍我的学校
构思阶段（想一想）

▶ 读者：崔老师的朋友们

▶ 目的：让他们了解北京××
实验学校是什么样子。

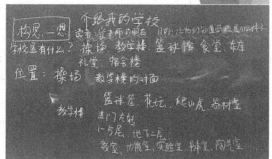

说明文——介绍我的学校
构思（想一想）

说明文——介绍我的学校
组织（排一排）

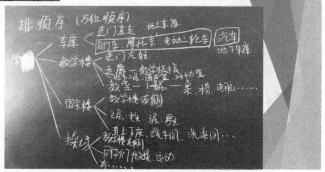

说明文——介绍我的学校
组织（排－排）

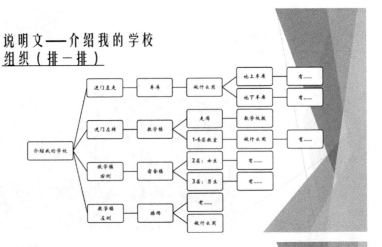

说明文——介绍我的学校
修改阶段（改－改）

<u>我的无比学校</u> **1**

2 大家好，<u>我们是北京××实验学校</u>，我们上五年级，我们班一共13个学生，今天崔老师带我们学作文，<u>学校有什么样子呢？</u>崔老师让我们分组写作文。

3 进门直走，是车库可以让老师停车，<u>地上车库有自行车、电动三轮车、摩托车和垃圾三轮车。地下车库有汽车。</u> **4**

进门左转，是教学楼，走廊两边有教学板块。<u>1-6层教室，可以让我们知识而让我们读书在教室里有讲台</u>，课桌椅、柜子、花盆、书架、电脑、手抄报、大黑板、小黑板、空调、台灯、劳动工具、钟表、清风净，电视和暖气。

说明文——介绍我的学校
修改阶段（改－改）

教学楼右侧，是宿舍楼，<u>宿舍里有二层是女生宿舍</u>，三层是男生宿舍，可以让我们睡觉，女生宿舍里有上下床、桌子、椅子、小电视、书架、洗澡间、卫生间、台灯、柜子、拖地室、儿童床和小电脑。男生宿舍也一样。

教学楼左侧，是操场，操场上有篮球架、花坛、爬山虎、器材室、国旗杆和讲堂。操场上有的同学跑步，有的同学做操，有的同学打篮球，有的同学踢足球，有的同学扔沙包，有的同学打羽毛球，还有的同学跳绳。

<u>你看我们的特别好奇又无比的学校</u>，我们希望你们来我们的学校观赏一下学校是不是好奇又无比。

附录四　英语书面语结构分析工具模板①

第一部分

STRUCTURAL ANALYSIS OF WRITTEN LANGUAGE
RAW DATA ANALYSIS FORM
Copyright/All Rights Reserved: Alfred H. White, 1997

Name: _____
School: _____
Age: _____ Birthday: _____ Sex: _____ Ethnicity: _____
Date Language Sample was Taken: _____ Sample Size = TLC = _____

RESULTS OF CONTENT ANALYSIS

	T-units/100	Mean Words/T-u	Mean Morph/T-u	Complexity Index	Word Efficiency	RATIO: TOSSED WSs Indicate below the ratio of 'tossed WSs' not scored.
LEVEL-I (Perfect T-units)						
LEVEL-I & II (Perfect/Flawed)						
LEVEL-I, II & III (All words)						

Key of Symbols: WS=Wordstring; TU=T-unit; D=Dump; IC=Independent Clause; DC=Dependent Clause; P=Perfect; PW=Perfect Words; F=Flawed; PM=Perfect Morphemes; PWQ=Perfect Words in Flawed T-units; PWNQ=Perfect Words in Non-qualifying "wordstrings".

WS	Perfect T-units, Flawed T-units and other Wordstrings	T-Units and Clauses within T-units			Count in Perfect T-units		Word Efficiency				Word and Morpheme Count in Flawed T-units and Non-qualifying Wordstrings	
		TU	IC	DC	PW	PM	PWQ	FWQ	PMQ	PWNQ	PWNQ	Dump
1												
2												
3												
4												
5												
6												
7												
8												
9												
......												
A	TOTALS	B	C	D	E	F	G	H	I	J		K
	THIS ROW IS FOR LABELING COLUMNS, DENOTED C-A, C-B, ETC.											

---

① 此模板是在 2018 年 3 月 12 日与 Alfred H. White 教授进行邮件交流时获得的，在此对 White 教授表示感谢。

第二部分

Part 2 *(Alfred H. White, 2001)*

Diagnostic Evaluation & Comprehensive Syntax Score

Grid A

Be/Where: S + Be Verb + Where (John is home.)													
Be/PN: S + Be Verb + Predicate Norminative (John is my best friend.)													
Be/PA: S + Be Verb + Predicate Adjective (John is nice.)													
Think: S + TV +DO (Where the DO is an embedded clause: John thinks that she is pretty.)													
Try: S + TV + DO (where the DO is an action, an infinitive or a gerund: John tried to climb the rope, or John tried climbing the rope.)													
Make: S + TV + DO + Complement to the DO (John made me happy.)													
Have: S + TV + DO (Possession: John has a new car.)													
Put: S + TV + DO + Where (John put the book on the table.)													
Give: S + TV + DO + prep. + Indirect Object (IDO)													
Drop: S + TV + DO (John dropped the book.)													
Read: S + TV + DO (John read a book.)													
Play with: S + DV													
Sleep: S + IV	Sleep	Play	Read	Drop	Give	Put	Have	Make	Try	Think	PA	PN	Be+wh
1													
2													
3													
...													
Freq. (Frequency)													
Wt. (Weight)													
Total													

Key for Symbols: TV = Transitive Verb; DO = Direct Object; DV = Double Verbs; IV = Intransitive Verb. Freq. = Add up the tally marks in each column for for the KTVs (Key Trigger Verbs); Wt. = These are assigned weights reflecting the perceived complexity of each T-unit/sentence; Total = Grand total equals the sum of the (Frequency) × (Weight) for each column.

Grid B

		Freq.	Wt.	Total
Verbs and Verb Inflections	1 Base Verbs (uninflected/to+V)			
	2 Correctly Inflected "s" form—s			
	3 Correctly Inflected "ed" form—ed			
	4 Correctly Inflected "ing" form—ing			
	5 Correctly Inflected "en" form—en			
	6 Correctly Used Auxiliaries			
	7 Correctly Formed Infinitives (verbal)			
	8 Correctly Formed Gerunds (verbal)			
	9 Correctly Formed Participles (verbal)			
	Totals			
Noun Phrases & Adjective Prep. Phrases	1 Noun			
	2 Proper noun inflections and/or pronouns			
	3 Determiner + Noun			
	4 Determiner + Adj. + (Adj.) + Noun			
	5 N + Prep. Phrase used as an Adjective			
	Totals			
Adverbs	1 ..of Time, Location, Manner (word or phrase)			
	2 ..to what extent (word or phrase)			
	Totals			
Clauses and Connectives	1 And (connecting words or phrases)			
	2 Independent clauses (IC) + and + IC			
	3 IC + but + IC			
	4 IC + an other connective + IC			
	5 IC + because + DC			
	6 IC + where + DC			
	7 IC + when + DC			
	8 IC + "X" + DC (X = relative pronouns)			
	9 IC + "Y" + DC (Y = other connectives)			
	Totals			

Syntax Score (SS) = (sum of grand total from Grid A) + (sum of totals from Grid B) divided by number of T-units.

SS = [(total of Grid A) + (total of Grid B)]/(T-units)

Calculation: [SS = _____ + _____ = _____ /___ = _____]

附录五　听障小学生作文展示

1. 记叙文

话题：记秋游活动

HYJ 实验前的记叙文：

今天，我带好吃的，我们去秋游，第一次来到北京植物园，我没去过。我看到美丽的花，不知道花叫什么名字，还有仙人掌，仙人掌是全身是刺，中午，我带了好多食物，大波浪薯片给胡老师，分享给同学们，XZS 喜欢我的咪咪，我给他，奶酪发给同学们，吃完后，我们依依不舍地离开了，回到北京××××学校，我们很开心。

HYJ 实验后的记叙文：

美好的一天

让我期待的春游来了，春游的地点是朝阳公园，我们全校去朝阳公园，我们 9：19 多上大巴车，我们坐好座位，准备出发，到朝阳公园，我们下车，进去朝阳公园。

进门有门票处、出口、入口，我们用残疾证进入口，左侧有游船码头、花坛……，右侧有厕所、垃圾箱，中间有地图，右侧前面有金头地带的图片和十二星座介绍，让我惊奇是朝阳公园真大，介绍特别长，还有桥、碰碰车、商亭花草、荡秋千、过山车、书店、玩具店等等，我疲惫地走路，我从没有走过这么长的路，来到商亭。

商亭旁边有很多桌子，我们坐下来，到十二点，我们肚子咕咕地饿，我们准备各种各样的食物，有时候分给同学分享，有时候同学到商亭买好吃的，吃完午饭，我们休息，有时候同学玩游戏，我在玩悠悠球，同学问老师说："什么时候走。"老师说："下午 2 点准备走。"到下午 2 点，我们收拾书包准备走，我们走出来，坐大巴车，我们依依不舍地离开朝阳公园，回到北京

××××学校。

我觉得春游让我开心，我想："明年的春天来了，还想去朝阳公园。"真是美好的一天。

2. 说明文

话题：介绍我们的学校

FMH 实验前的说明文：

我的学校，我发现了，我看见学校楼梯 7 栋楼，我来到

操场上在旁边花都开了和车库门还有超市可以买东西在一面非常大了。

每栋楼的里面都有花还有画画。下楼……

一年级抓我的小便痛了。

FMH 实验后的说明文：

介绍我的学校

学校叫北京××××学校。学校里有教学楼、操场、宿舍、食堂、停车场和体育馆　教学楼里有好多教室都一样有黑板、黑板报、桌子、椅子、书架、柜子、电脑和讲说台；楼道里有画像和花盆。操场上有篮球架、爬山虎、红旗杆、主席台和花盆；我们每天在操场上跑步　我们班有男同学，它是 13 岁，特别矮，我猜一猜你们知道。我们班有 6 个同学是宿舍三个男生，三个女生。男生宿舍和女生宿舍里有上下床、桌子、椅子、书架和卫生间，我们班宿舍有三口人，加上一个人四年级。食堂的饭有炒米饭，有的鸡蛋，有的馒头，有的……。我最喜欢饭是热牛奶、酸奶。我不喜欢喝凉牛奶，因为到冬天喝凉牛奶会肚子疼。我们去年四年级快到暑假，开学第一天先饭费，再交作业，到了一年。马上到暑假月个月的饭费退出来了，好像我们白吃了。我喜欢这个学校，因为以前的学校没有地方吃饭，同学老欺凌我，老师不管我，我没有地方宿舍。所以我来到这里的学校，有食堂有宿舍，同学一点没欺凌我，我开心！

3. 议论文

话题：是否同意减少体育课

XL 实验前的议论文：

我特别喜欢体育了，房老师说完活动了，房老师说同意打羽毛球了，我们 13 个等你了，房老师来了，房老师说随便打篮球、或者打羽毛球、HYJ 和 XZS 一走，比赛打篮球、我和 FQS 一走比赛打羽毛球、我一点胜利、FQS 一点失败，我和 FQS 试试打羽毛球、同学们其他玩了、WXP 和 HJY 试试打羽毛球、我非常开心了。

XL 实验后的议论文：

请不要减少我们的体育课

听说，体育课要从一周上四次变成了一周上两次，不同意这样做。哥哥其他同学们踢足球了，房老师体育课教会我们这么多，同学们其他比如如何打篮球，我们喜欢体育课，不想让体育课变少。同学们的体质就会慢慢变弱，这样就会耽误同学们的学习。我和 FQS 比赛打羽毛球，比如在体育课上同学们一起玩游戏。

我的心情十分沉重，我非常开心①。

---

① 该生在教学实验过程中的范文展示部分学会了"我的心情十分沉重"这句话，在实验后的测试中就将这句话用在了自己的作文中；但是，该生无论在实验前还是实验后，其所有的作文和日记都会以"我非常开心"这样的句子结尾，并不考虑前文的内容，因此此处出现了相互矛盾的两个句子。

附录六　过程与策略写作教学模式教学材料

1. 写作前——构思环节

表 3.1　构思表

姓名：＿＿＿＿＿＿＿＿＿　　　　　　　　　日期：＿＿＿＿＿＿＿＿＿

写作话题：＿＿＿＿＿＿＿＿

预期读者：我这篇作文是写给谁看的？

＿＿＿＿＿＿＿＿＿＿＿＿＿＿＿＿＿＿＿＿＿＿＿＿＿＿＿＿＿＿＿＿＿

＿＿＿＿＿＿＿＿＿＿＿＿＿＿＿＿＿＿＿＿＿＿＿＿＿＿＿＿＿＿＿＿＿

＿＿＿＿＿＿＿＿＿＿＿＿＿＿＿＿＿＿＿＿＿＿＿＿＿＿＿＿＿＿＿＿＿

写作目的：我为什么要写这篇作文？

＿＿＿＿＿＿＿＿＿＿＿＿＿＿＿＿＿＿＿＿＿＿＿＿＿＿＿＿＿＿＿＿＿

＿＿＿＿＿＿＿＿＿＿＿＿＿＿＿＿＿＿＿＿＿＿＿＿＿＿＿＿＿＿＿＿＿

＿＿＿＿＿＿＿＿＿＿＿＿＿＿＿＿＿＿＿＿＿＿＿＿＿＿＿＿＿＿＿＿＿

2. 写作前——组织环节

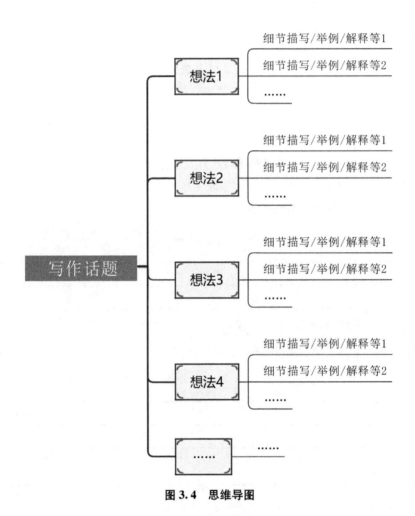

图 3.4　思维导图

表 3.2　组织表

整理我的想法：

1. _____

2. _____

3. _____

4. _____

5. _____

6. _____

7. _____

8. _____

给想法归类：

_____	_____
_____	_____
_____	_____
_____	_____
_____	_____
_____	_____
_____	_____
_____	_____

3. 写作中——起草环节

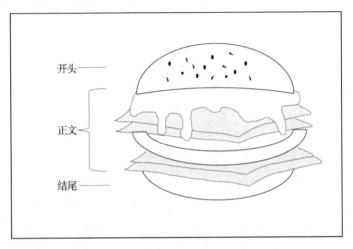

开头

正文

结尾

图 3.5 作文的结构——"汉堡包"

4. 写作中——转换环节

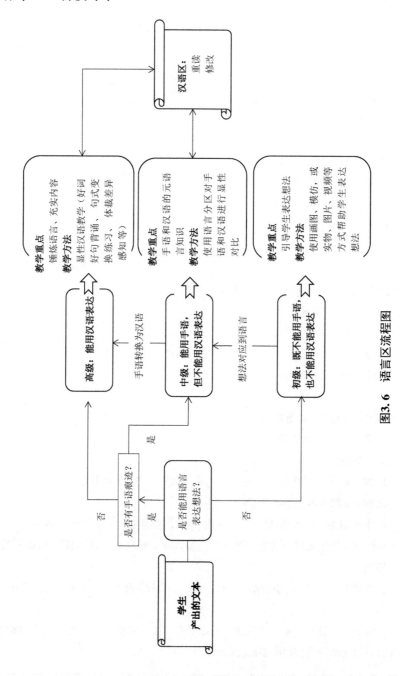

图3.6 语言区流程图

附 录

5. 写作后——修改环节

表 3.3　作文修改辅助表

修改者姓名：_____　　　　修改日期：_____

作文编号：_____　　　　写作话题：_____

• 这篇作文有<u>题目</u>吗？

　1. 有　　2. 没有

• 作文题目好（吸引人）吗？

　1. 非常好　　2. 好　　3. 一般　　4. 不好　　5. 非常不好

• 这篇作文有<u>开头部分</u>吗？

　1. 有　　2. 没有

• 开头部分写得精彩吗？有兴趣读下去吗？

　1. 非常精彩　　2. 精彩　　3. 一般　　4. 不精彩　　5. 非常不精彩

• 这篇作文有<u>主体（正文）部分</u>吗？

　1. 有　　2. 没有

• 主体（正文）部分写得好（详细）吗？

　1. 非常好　　2. 好　　3. 一般　　4. 不好　　5. 非常不好

• 这篇作文有<u>结尾部分</u>吗？

　1. 有　　2. 没有

• 结尾部分与开头部分呼应了吗？

　1. 呼应　　2. 没有呼应

• 结尾部分写得好吗？

　1. 非常好　　2. 好　　3. 一般　　4. 不好　　5. 非常不好

• 这篇作文把内容介绍清楚了吗？

　1. 非常清楚　　2. 清楚　　3. 一般　　4. 不清楚　　5. 非常不清楚

• 你认为这篇作文对读者有帮助吗？（读者读了作文以后能够理解里面写的内容吗?）

　1. 非常有帮助　　2. 有帮助　　3. 一般　　4. 没帮助　　5. 一点帮助也没有

　　这篇作文里有没有写错的句子？如果有，请你用彩色的笔在作文中划出来，并且在这张纸的背面按顺序修改。

6. 提示卡

构思

- 选择话题【我要写什么？】
- 预设读者【我的文章是写给谁的？】
- 确定写作目的【写这篇文章是为了什么？】
- 罗列已知内容【我对这个话题了解多少？】
- 明确未知内容【我还需要了解什么？】
- 列出参考资源【我可以去哪里了解更多？】

组织

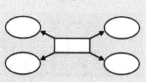

- 选择文章结构【我要使用哪种文章结构？并列/总分/对照/递进】
- 组织文章内容【我要如何对我的观点归类？】
- 排列内容顺序【我要以什么顺序展示观点？】

起草

- 将大脑中的内容投射在纸张上
- 对文章内容进行扩展

转换

手语　汉语口语　汉语书面语

- 识别手语和口语表达【这是手语？汉语口语？手语和汉语的混合？】
- 转换手语和口语表达【如何用汉语书面语表达同样的意思？】

修改

- 重读并检查文章内容和语法【每句话的表述都正确吗？我完成写作目标了吗？文章的可读性强吗？】
- 确定修改内容并进行修改

定稿

- 对文章进行誊写
- 装订

图 3.7　提示卡

附录七　汉语书面语结构分析工具

表4.10　汉语书面语结构分析工具

姓名：＿＿＿　年龄：＿＿＿　出生日期：＿＿＿　性别：＿＿＿　补偿听力（好耳）：＿＿＿ dB

学校：＿＿＿　年级：＿＿＿　写作话题：＿＿＿　语料收集时间：＿＿＿

词语数量：＿＿＿　句子数量：＿＿＿

句子类型	数量	使用率	平均词语数量	词语有效使用率
完整句				
残缺句				
非　句				

	句子数量	使用率	平均词语数量	有效成分		词语有效使用率
平面	完整句	残缺句	完整句	残缺句	有效词语	无效词语
平面一						
平面二						
平面三						

分析内容和结果：

序号	A	B	C	D	E	F	G	H
	句子	非句	完整句	残缺句	完整句	残缺句	有效词语	无效词语
		测量单位的数量			有效成分			
					有效词语	有效词语	有效词语	无效词语
1								
2								
3								
4								
5								
6								
7								
8								
9								
10								
11								
12								
13								
……								
总计								

附录八　汉语书面语内容分析工具

分析内容	评分标准		写作文本
	分值	描述语	
题目的使用	3	题目与话题相关，并且能够在很大程度上引起读者的兴趣	
	2	题目与话题相关，比较能引起读者的兴趣	
	1	题目照抄写作话题或题目与话题不相关	
	0	没有题目	
话题的引入	3	在文章的开头段落使用开门见山的方式明确说明本文的话题或观点，或通过铺垫在段末部分说明话题或观点，并且话题或观点与任务要求一致	
	2	文章在开头部分提出了话题或观点，但是表述不完整，话题或观点与任务要求一致	
	1	文章没有明确话题或观点，但开头内容与任务要求的话题相关	
	0	文章没有明确话题或观点，并且开头内容与任务要求的话题无关	
话题的展开	3	文章在主体部分进行了详尽的细节描写，或运用了大量例证从不同角度对话题进行了具体分析，既拓宽了话题的广度，也增加了话题的深度	
	2	文章在主体部分对话题进行了一些细节描写，或使用了个别例子进行分析，在一定程度上丰富了文章的内容	
	1	文章在主体部分试图对话题进行分析，但句子之间逻辑关系不清，并且出现很多与话题无关的内容	
	0	文章缺失主体部分，没有细节描写和具体分析	
话题的结尾	3	清楚、简洁地总结了文章内容，并与话题相呼应	
	2	总结了文章，但是没有与话题相呼应	
	1	直接用"完"或"结束"等词语表示文章结束，与之前的内容没有任何关联	
	0	没有对文章进行总结，以细节描写结束	

续表

分析内容	评分标准		写作文本
	分值	描述语	
文章的连贯	3	整个文章与话题紧密相关，具有高度的连贯性。文章所有的部分（开头、主体、结论）结合起来充分地阐释和扩展了话题。不包含与话题无关的内容，所有的细节描写都与话题相关。句子之间以及段落之间有合适的连接词，过渡平稳	
	2	文章内容与话题相关，大部分内容之间相互连贯。有少量与话题无关的内容。文章中有少量的连接词和过渡句。文章缺失了部分内容（开头、主体或结论），使得对话题的阐释不够全面和深入	
	1	文章内容与话题的相关度较低，段落或句子之间的逻辑关系不清。文章话题任意转换。作者不能完整地讲述一个事件或说明一个事物，只能对不同的事件进行列举。文章缺失主要内容（开头、主体或结论）	
	0	文章没有话题，句子或段落之间没有任何关联，或整篇文章只有一句话	

后　记

　　生活中一些偶然事件有时会对人生产生重要的影响。2017 年 9 月的一天，午饭过后我的博士生导师傅爱兰教授叫我去办公室，并让我在图书馆帮她借几本有关手语研究的书一起带过去。起初我很困惑，"手语"这个在当时看来陌生又遥远的词语怎么会与我们扯上关系呢？但就是这个看似平常的午后改变了我之后的生活和研究道路。在傅教授的引荐下，当天下午我有幸到国家手语和盲文研究中心旁听《国家通用手语词典》编纂的研讨会，后来又到北京某聋校观课，这些都是我进入听障教育领域的开端。之后的一周我翻阅了大量有关听障学生的研究资料，很快便下定决心将听障学生的语言教学作为我博士阶段的研究方向。后来通过深入的课堂观察、课后交流，以及与导师的多次讨论，我最终决定研究听障学生的写作教学。本书便是在我博士论文的基础上修改完善而成。

　　在整个书稿的写作过程中，我得到了很多师长和同行们各方面的帮助和支持。这样我才有了更多的机会走近听障学生，探索学术的真谛，认识真正的自己。

　　首先要感谢恩师傅爱兰教授。傅教授于我，不只是学术上的导师，更是灵魂上的依靠，生活中的朋友。因为老师，我时常觉得自己要比其他人更幸运。与老师在一起的这些年，我体会到一位好的导师不仅能看到学生的潜质，还能引导他独立去寻找更好的自己。在学业上，老师是严肃的，她专注于培养我独立探索的意识和能力，训练我的批判性思维。通过长期的磨炼，这些看似对学业成绩的提高效果不那么立竿见影的指导已经潜移默化地融入我的思想，改变了我的思考方式。我得以顺利完成了博士阶段的学习任务和毕业论文的写作，并找到了愿意为之奉献一生的科研方向。老师常常教导我们要扩大视野，勇于走出自己的"舒适区"，并提供一切可能的机会帮助我们在学术道路上"更上一层楼"。也因此我才能在读博期间两次到美国学习，结识了美国听障教育专家 Kimberly Wolbers 教授，并与其充分探讨。这些都对本书的写作产生了重要的影响。还记得 2018 年我到美国公派留学，那年暑假，老师不远万里去看我，因为她希望能带我去感受国外知名大学的学术氛围、了解知名教授的前沿研究。在生活上，老师是温暖的，她不求回报的关爱如母亲似的慈爱，又同朋友般的舒适。在珠海校区做博士后的两年，老师经常叫我到家里餐叙。在我每个迷茫、无助、失落的时刻，老师总能给予恰到好处的宽慰，也许是行动，又或是言语，总是那么润物无声，像最轻柔的旋律透过感官飘向心房，抚平我的不安与焦躁。本书也是在老师的指导下完成的，从选题到框架，以及书中很多重要问题的处理上，老师都给了我及时且关键的建议。有师如此，何等幸运！

2017 年 10 月，我在王晨华校长的帮助下进入了北京某聋校，认识了 13 位听障孩子。就如同我不知道这一相识会改变我今后的学术方向一样，那时的我也不知这 13 个孩子将会成为我一生的牵挂。这些孩子是我写作教学研究的对象，他们帮助我完成了本书的所有数据收集工作。还记得我给他们上完最后一次写作课后，纷至沓来的手工礼物以及孩子们和胡老师自导的感恩会，让我数次潸然泪下。没想到我的一点点付出，在他们眼里如同最珍贵的礼物。当孩子们毫无保留地将自己的感情交付与我的时候，我一次又一次地提醒自己，再努力一点，多做一点。我常感怀时间过得太快，还来不及做什么，他们就要长大了，他们确实给予了我太多，而我能做的真的太少。遇到这些孩子，是我的福气！

我还要感谢北京某聋校的沈晓东和胡江琳两位老师，没有她们的帮助，我没有机会进入学校，完成整个研究过程。尤其是五年级的班主任胡江琳老师，为我提供了上写作课的机会并参与每一堂课，在我教学经验和手语水平受限的情况下，帮助我完成课堂教学。每一份恩情，我都铭记在心。

其次，我要诚挚地感谢北京师范大学教育学部的顾定倩教授和郑璇教授。顾教授一直关注着我的研究进展，在我还未博士毕业时就给我提供机会向北师大教育学部的学生分享自己的研究，并赠予我"新鲜出炉"的《国家通用手语词典》。后来还邀我加入国家通用手语等级标准研制项目组，让我有机会与手语专家们交流讨论。这些难得的机会给了我莫大的鼓励，让我坚定信心，坚持研究。郑教授是我国听障教育领域的专家，这些年给了我无数的帮助。郑教授经常跟我讨论她的一些想法，带我做项目，组团队，开课程，并给我很多机会接触聋人，了解手语和听障教育。感谢郑教授一直以来的帮助和支持，并为本书惠赐佳序。另外，还要感谢北京市西城区融合教育中心的王玉玲老师。王老师一直关注我的研究并多次邀请我为项目组的聋校教师做讲座，分享自己的研究成果，为我提供了与一线教师深入交流的宝贵机会，才让书稿得以完善。

再次，我要感谢我的博士后合作导师罗少茜教授。罗教授对学术的热爱以及严谨的治学态度对我的学术研究产生了很大的影响。罗教授给了我充足的时间，让我在博士后工作期间专心自己的研究，才能让本书尽快面世。还要感谢我的硕士生导师周士宏老师。周老师虽是我的硕士生导师，但在我读博期间，一如既往地教导、帮助我，感谢老师的宽容与不弃，让我能少走一些弯路，少犯一些错误。

最后，我要感谢我的父母在我无数个痛苦、失落、焦虑的日子里给予我的温暖、支持和慰藉；感谢他们近30年来始终不渝地全力支持，我才能没有后顾之忧地安心学习，顺利拿到博士学位；感谢他们支持我的每一个梦想和选择。感谢我的先生。由于工作，结婚至今我们一直两地分居，我由于投身于自己的研究而疏于对家庭的照顾，感谢他一再地包容。没有他的信任与理解，我无法全身心投入写作，感谢他所有的付出、所有的宽慰。他的善良就像雨后的阳光，给了我恰到好处的温暖。

此外，我还要感谢本书的责任编辑邓素平。邓编辑耐心负责，不厌其烦地与我沟通书稿内容和形式上的问题，并提出了很多专业建议，才让本书以更好的面貌面世。

感谢所有最美的遇见，感谢自己的坚持与努力。唯愿未来能够更加善良，更加勇敢！

崔亚冲

2022 年 3 月

于北京师范大学珠海校区语言科学研究中心